Frank Neuschulz • Werner Plinz • Horst Wilkens

Elbtalaue

Landschaft am großen Strom

W0245530

Natur-Reiseführer durch das
Biosphärenreservat Flusslandschaft Elbe

Naturerbe Verlag Jürgen Resch

Die Autoren:

Werner Plinz, Dr. Frank Neuschulz und Dr. Horst Wilkens, (von links nach rechts).

Dr. Frank Neuschulz

wuchs in einem kleinen Ort am Rande der Elbtalaue auf und kehrte nach seinem Biologiestudium an den Universitäten Basel und Hamburg an die Elbe zurück. Ab 1980 arbeitete er als Gutachter im Natur- und Landschaftsschutz und leitete ab 1989 ein Wiesenschutzprojekt des BUND in der Dummeniederung. Zusammen mit einigen Mitstreitern legte er nach Öffnung der innerdeutschen Grenze die Grundsteine für den länderübergreifenden Naturschutz an der Elbe. Seit 1993 ist er Mitarbeiter der Landesanstalt für Großschutzgebiete und Leiter des Biosphärenreservates Flusslandschaft Elbe in Brandenburg.

Werner Plinz

stammt aus Hamburg, wo er als Reproduktionsfotograf arbeitete. Seit 1965 hat er einen Wohnsitz in Restorf, einer kleinen Gemeinde in der Gartower Elbmarsch. Hier engagiert er sich für das Naturschutz-Projekt des NABU, Landesverband Hamburg, über das er in Wort und Bild in mehreren Veröffentlichungen berichtet. Die Ergebnisse seiner umfangreichen ornithologischen Bestandsaufnahmen im Elbtal sind wichtige Bausteine für die naturschutzfachliche Grundlagenarbeit.

Dr. Horst Wilkens

ist Professor an der Universität Hamburg und leitet die Abteilung für Ichthyologie und Herpetologie im Zoologischen Museum. Er beschäftigt sich in seiner Forschung mit der Evolution von Höhlentieren und den Grundlagen der Artbildung. Seit den 60er Jahren schafft er durch eigene Forschung und die Vergabe von Examensarbeiten Grundlagen für den Arten- und Biotopschutz in der Elbtalaue.

© 2002 Naturerbe Verlag Jürgen Resch
Stockacher Straße 11 • 88662 Überlingen
Tel.: 07773/5767 Fax: 07773/7320
Email: jresch@t-online.de

Druck: Druckerei Krammer, Radolfzell
Printed in Germany

ISBN 3-9801641-8-7

Dieses Buch ist allen gewidmet, die sich für den Naturschutz im mittleren Elbtal eingesetzt haben.

Grußwort

Eine "Lebendige Elbe" – so heißt unser gemeinsames Projekt vieler Organisationen und Unternehmen – ist die Lebensgrundlage für die Menschen an diesem Strom. Sie und ihre herrliche Landschaft zu besuchen, Kraniche, Seeadler, Wildgänse und Singschwäne zu sehen und zu hören, sind Erlebnisse, die in der Erinnerung bleiben.

Ein großer Erfolg für den Naturschutz an der Elbe ist die Etablierung des Biosphärenreservates Flusslandschaft Elbe. Beispielhaft haben sich hier fünf Bundesländer und etliche Landkreise zusammengeschlossen, um dem "Glücksfall Elbe" unter Anerkennung durch die UNESCO eine dauerhafte Zukunft zu geben.

Biosphärenreservate haben weltweit den Anspruch Modell-Regionen für ein neues Miteinander von Mensch und Natur zu sein. Auf dem Wege dorthin müssen vielfach starre Denkschablonen fallen zugunsten einer partnerschaftlichen Zusammenarbeit unterschiedlicher Interessen der Akteure vor Ort.

Hierfür gibt es bereits jetzt an der Elbe gute Beispiele. Landwirtschaft und Naturschutz praktizieren großflächigen Vertragsnaturschutz, mit der Naturwacht sind in einigen Bundesländern neue Berufsbilder entstanden und viele originelle Initiativen zu neuen Formen der Landnutzung und große und kleine Naturschutz-Projekte belegen den Willen zum gemeinsamen Tun. Regionalwirtschaftlich zunehmend bedeutsam entwickelt sich ein naturverträglicher Rad-Tourismus entlang der Elbe. Möge dieser Reiseführer für alle Besucher kundiger Begleiter sein.

Professor Dr. Gerhard Thielcke
Ehrenvorsitzender der
Deutschen Umwelthilfe e. V.

Inhalt

Einführung

"Die Elbe – drittgrößter Fluss Westeuropas mit einer Länge von 1.144 km" – bei vielen von uns haben "negativ" besetzte Begriffe wie "Schadstoffbelastung", "Fischsterben" und "Industrieansiedlungen" dieses Schulbuchwissen mittlerweile verdrängt und abgelöst. Bis vor kurzem galt die Elbe außerdem als Symbol für die einstige Teilung Deutschlands. Angesichts dieser Beispiele menschlichen Versagens darf jedoch ein weiterer Punkt nicht vergessen werden: In der abgeschiedenen Lage entlang der ehemaligen innerdeutschen Grenze hat sich im Schnittpunkt der heutigen Bundesländer Mecklenburg-Vorpommern, Brandenburg, Sachsen-Anhalt und Niedersachsen noch eine der prächtigsten Stromtallandschaften Deutschlands erhalten.

Auf einer Fläche von mehreren hundert Quadratkilometern durchziehen mächtige Flussschleifen die Talaue, die bis heute von der natürlichen Wasserdynamik des Flusses gestaltet wird. Überschwemmungsräume, die angrenzenden von Binnendünen überzogenen Talsandränder und die Steilhänge der Endmoränenrücken bieten den charakteristischen Tier- und Pflanzengemeinschaften ursprünglicher Flussmarschen Lebensraum.

In der langen Liste der vielen hundert stark gefährdeten Arten, für die das Elbtal ein Rückzugsgebiet darstellt, finden sich so bekannte Großvögel wie Kranich, Seeadler, Brachvogel und Weißstorch, aber auch Säugetiere wie Fischotter und Biber sowie Pflanzen mit wohlklingenden Namen wie Gottesgnadenkraut, Karthäuser-Nelke, Tripmadam und Feldmannstreu.

Die Gründe, warum Tier- und Pflanzenarten, die anderswo verschwunden sind, überdauern konnten, sind vielfältig: Neben einer geringen Bevölkerungsdichte von oft weniger als 40 Einwohnern pro Quadratkilometer, der Abwesenheit einer umweltbelastenden Großindustrie und stark frequentierten Verkehrsstrassen sind es vor allem die regelmäßigen Frühjahrs- und Sommerhochwasser, welche dem Menschen die Art der Landbewirtschaftung seit alters her diktieren und dadurch eine intensive Nutzung mit ihren negativen Folgen für die Umwelt erschweren.

Doch das Verschwinden der Schranken im ehemaligen Grenzland brachte Gefahren für die Natur der Auenlandschaft. Allzu leicht gerät ein solches Gebiet unter die Räder einer unkontrollierten, naturschädigenden Entwicklung.

Mit der Schaffung des stromübergreifenden Biosphärenreservates Flusslandschaft Elbe sind jedoch in dieser Region umweltpolitisch neue Akzente gesetzt worden. Dadurch besteht die Chance in der Elbtalaue zwischen Lauenburg und Wittenberg/Lutherstadt einen Natur- und Landschaftsschutz zu praktizieren, der modellhaft auch für andere Ströme Europas sein kann. Dabei sind die wirtschaftlichen Interessen der Menschen im Elbtal zu integrieren und ideenreich neue Wege für eine nachhaltige Nutzung der natürlichen Ressourcen einer Auenlandschaft zu beschreiten.

Bild links: Obwohl Buhnen das Bett der Elbe über weite Strecken festgelegen, kommt die natürliche Flussdynamik auch hier weiterhin zur Geltung. Typisch sind Aufsandungen und Überschlickungen im Uferbereich
Bild oben: Kleine Fähren – wie hier bei Lenzen – ersetzen an der Elbe immer noch Straßenbrücken.

Biosphärenreservat Flusslandschft Elbe

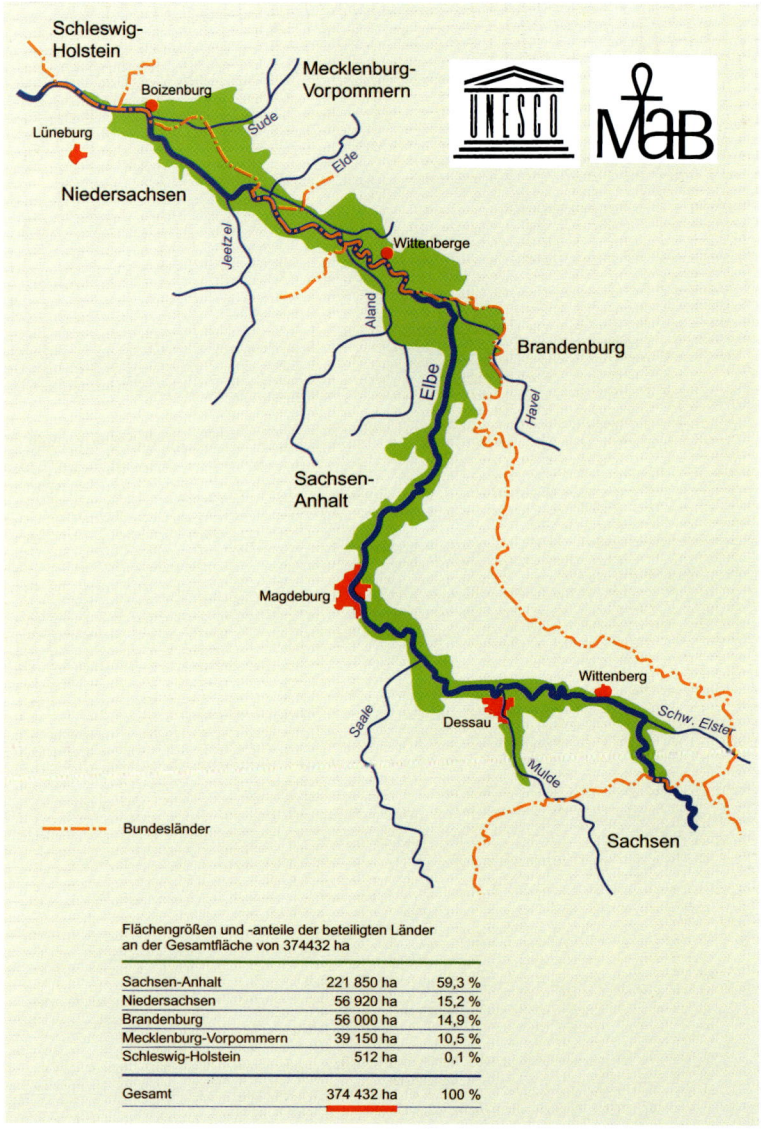

Flächengrößen und -anteile der beteiligten Länder
an der Gesamtfläche von 374432 ha

Sachsen-Anhalt	221 850 ha	59,3 %
Niedersachsen	56 920 ha	15,2 %
Brandenburg	56 000 ha	14,9 %
Mecklenburg-Vorpommern	39 150 ha	10,5 %
Schleswig-Holstein	512 ha	0,1 %
Gesamt	374 432 ha	100 %

Biosphärenreservate – ein weltumspannendes Netz

Während die Schutzkategorien Nationalpark und Naturschutzgebiet den meisten Bundesbürgern zumindest dem Namen nach bekannt sind, fristet der – zugegebenermaßen – sperrige Begriff "Biosphärenreservat" ein Schattendasein. Dem muss dringend abgeholfen werden, denn das Konzept der Biosphärenreservate, wie es 1970 von der UNESCO als Programm "Der Mensch und die Biosphäre" (MaB) ins Leben gerufen wurde, ist angesichts der globalen umweltpolitischen Herausforderungen bahnbrechend, modellhaft und überaus aktuell.

Was ist ein Biosphärenreservat?

Biosphärenreservate sind großflächige, repräsentative Ausschnitte von Natur- und Kulturlandschaften, die zum überwiegenden Teil ihrer Flächen unter gesetzlichem Schutz stehen. In ihnen werden – gemeinsam mit den hier lebenden und wirtschaftenden Menschen – beispielhafte Konzepte zu Schutz, Pflege und Entwicklung erarbeitet und umgesetzt (*aus: Kriterien für Anerkennung und Überprüfung von Biosphärenreservaten der UNESCO in Deutschland – 1996*)

Wo überall gibt es Biosphärenreservate?

Für die Anerkennung von Biosphärenreservaten zeichnet die UNESCO. Derzeit gibt es weltweit **411** solcher Schutzgebiete in über **94 Staaten**. In Deutschland wurden bisher **14** ausgewiesen, auf **knapp 3 % der Gesamtfläche** des Landes. Zu den bekanntesten zählen u.a. Schorfheide-Chorin, die Rhön, der Spreewald und natürlich das mit 375.000 ha größte Biosphärenreservat Flusslandschaft Elbe.

Wie gliedert sich ein Biosphärenreservat?

Drei Zonen werden unterschieden:

Die **Kernzone** (mindestens 3 % Flächenanteil), die in der Regel aus mehreren Teilflächen besteht und von Menschen unbeeinflusst, also nicht bewirtschaftet sein soll. Rechtlich ist sie als Nationalpark oder Naturschutzgebiet geschützt.

Die **Pufferzone** (mindestens 10 %, zusammen mit Kernzone mindestens 20 % Flächenanteil), in der eine weitgehend extensive Nutzung zum Erhalt einer abwechslungsreichen Kulturlandschaft angestrebt wird. In der Regel sind diese Bereiche als Naturschutzgebiet oder auch als Nationalpark gesichert.

Mit mindestens 50 % der Fläche nimmt die **Entwicklungszone** den weitaus größten Teil des Biosphärenreservates ein. Hier liegen die vorrangigen Lebens-, Wirtschafts- und Erholungsräume der Bevölkerung. Vielfach als Landschaftsschutzgebiet gesichert, soll hier eine Wirtschaftsweise entwickelt werden, die den Ansprüchen von Mensch und Natur gleichermaßen gerecht wird.

Wo liegen die Arbeitsschwerpunkte in einem Biosphärenreservat?

- Schutz von Natur und Landschaft
- Erarbeitung von Strategien für eine nachhaltige Nutzung und Regionalentwicklung
- Kommunikation, Information und Umweltbildung
- Angewandte Forschung und Aufbau eines Umweltbeobachtungssystems
- Nationale und internationale Kontakte

Weitere Informationen: Deutsches Nationalkomitee für das UNESCO-Programm "Der Mensch und die Biosphäre" (MaB), Bundesamt für Naturschutz, Konstantinstraße 110, D-53179 Bonn

Landschaft am großen Strom

Die formende Kraft des Urstromes

Das Urstromtal der Mittleren Elbe ist Teil des norddeutschen Tieflandes und erdgeschichtlich vergleichsweise jung. Der Begriff "Tal" lässt eigentlich an Reliefs denken, die ausschließlich durch abtragende Kräfte des Flusses entstanden sind. Tatsächlich prägten jedoch vornehmlich Ablagerungsprozesse die Entwicklung dieser Landschaft.

Die ältesten der umfangreichen Ablagerungen begannen bereits am Ende des Paläozoikums (Erdaltertums), als die Absenkung des "Germanischen Be-

ckens" einsetzte, die bis in das Quartär der Erdneuzeit andauert. In diesem Becken, dessen Basis heute vermutlich bis in acht Kilometer Tiefe reicht, wurden vorwiegend marine Sedimente abgelagert. Es waren zunächst vor allem Salze, dann im Erdmittelalter (Mesozoikum) Tone, Silite, Sande und Kalke, bedeckt mit eiszeitlichen Ablagerungen in der obersten Schicht. Unter dem Druck der mächtigen Deckschicht geriet das plastisch verformbare und spezifisch leichtere Salzgestein in Bewegung. Aus zunächst beulenartigen Wölbungen entstanden vielfach pilz- oder pfropfenförmige Salzkörper, die in das sogenannte "Deckgebirge" aufstiegen. Der bekannteste unter den vielen im norddeutschen Raum entstandenen Salzstöcken ist ohne Zweifel der von Gorleben-Rambow. Mit einer Länge von etwa 30 km und einer Breite von 1,5 bis 3 km ver-

läuft er nahezu quer zum Flusstal der Elbe und tangiert die Bundesländer Niedersachsen und Brandenburg.

Mit der Entscheidung der niedersächsischen Landesregierung im Februar 1977, diesen Salzstock für die Erkundung eines Endlagerbergwerkes atomarer Abfallstoffe freizugeben, wurde er

bekannt, und seither hat sich die Region um Gorleben nachhaltig verändert.

Das heutige Relief der Mittelelbe wurde hauptsächlich durch das von Skandinavien zu den Mittelgebirgen vorstoßende Inlandeis geformt. Gewaltige Gletscher, die während der vorletzten Kaltzeit, der Saaleeiszeit (vor ca. 200.000 bis 125.000 Jahren) in den norddeutschen Raum vordrangen, hinterließen nach ihrem Abschmelzen bis zu hundert Meter mächtige Schuttmassen aus Kies, Sand, Lehm und Steinen. Bei einem letzten Vorstoß der Gletscher, im sogenannten Warthestadium, wurde die Elbe erneut in südwestlicher Richtung überschritten. Dabei türmte sich beispielsweise der Göhrde-Drawehn-Höhenrücken zu einer Höhe von über 140 m über Meereshöhe auf.

Erst in der letzten Kaltzeit, der Weichseleiszeit vor ca. 70.000 bis 10.000 Jahren, fand jedoch die den Naturraum prägende Umgestaltung der Oberfläche statt. Obgleich die Eismassen nur noch den Ostseeraum erreichten, befand sich die untere Mittelelbe im Periglazialbereich, also in der Zone des Dauerfrost-

bodens am Rande der Gletscher. Die Schmelzwässer konnten hier nicht ins Grundwasser versickern und mußten sich ihren Weg an der Oberfläche suchen. Das Resultat war der Zusammenfluss gewaltiger Wassermassen zu einem mächtigem Elbe-Nordseestrom, der sein Bett in ein derart breites und tiefes Urstromtal ausformte, dass alle Seitengewässer sich daran orientierten. Die Kraft des Wassers verschonte nicht die saaleeiszeitlich abgelagerten Endmoränen, die als Geestgebiete an das Urstromtal angrenzten. Sie wurden teilweise durchbrochen, an den Rändern untergraben und zurückverlegt. Zeugnisse dieser Vorgänge sind bis zu 80 m hohe Steilhänge, die zur Talsohle hin ab-

Verlauf strombegleitender Elbbögen in der Dannenberger Marsch östlich von Hitzacker. Die osthannoversche Endmoräne und die östlich gelegene Langendorfer Geestinsel sind schraffiert dargestellt, die Niederterrassen und das Jeetzeltal gerastert.

"Taube Elbe" (1), Penkefitzer See (2), Landsatz (3), Damnatz (4), Brandleben (5), Predöhlsau (6), Gümser See (7). nach Wilkens (1983).

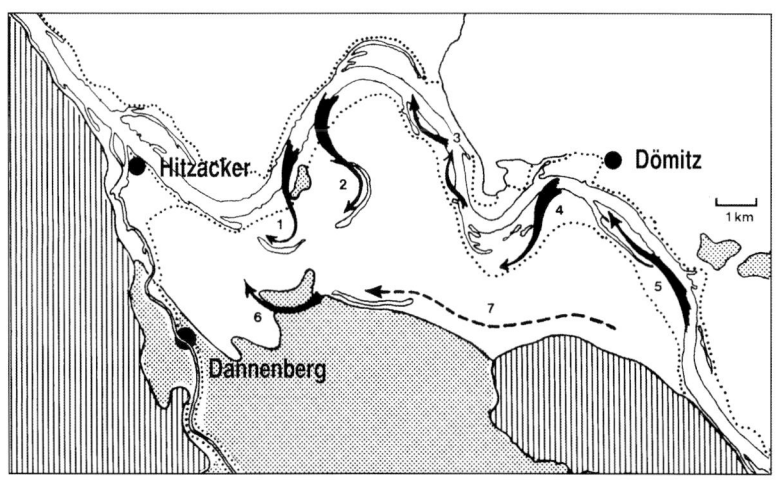

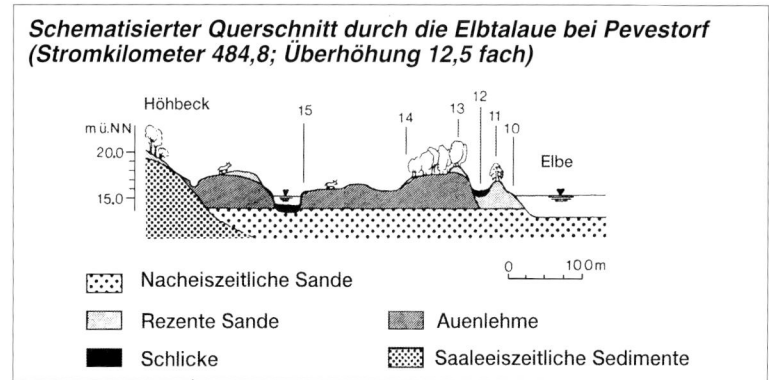

Schematisierter Querschnitt durch die Elbtalaue bei Pevestorf (Stromkilometer 484,8; Überhöhung 12,5 fach)

Nacheiszeitliche Sande

Rezente Sande

Schlicke

Auenlehme

Saaleeiszeitliche Sedimente

Die Ziffern geben die Lage der untersuchten Bodenprofile an: 10 Rambla, 11 Paternia, 12 Auenanmoorgley, 13 Autochthone Vega, 14 Allochthone Vega, 15 Auennassgley. (aus: Meyer H. u. G. Miehlich (1983).

fallen und auf deren Kuppen heute uralte malerische Städtchen wie Tangermünde oder Havelberg zum Besuch einladen und gleichzeitig einen atemberaubenden prächtigen Blick auf das Urstromtal der Elbe erlauben. Ebenfalls während dieser Zeit wurden saaleeiszeitliche Grundmoränen wie der Höhbeck inselartig abgetrennt und erhielten ihre charakteristische Gestalt. Der Formenschatz dieser und weiterer kleiner Geestinseln bereichert die sonst einförmige, flache Marschlandschaft in besonderer Weise und erhöht die biologische Vielfältigkeit des Raumes.

Doch auch in der Talaue selbst spielten sich während der Weichseleiszeit mit ihren unterschiedlich starken Eisvorstößen für das heutige Relief entscheidende Vorgänge ab. So wurde die in der Frühphase von Schmelzwässern ausgeräumte 10-20 km breite Gletschermulde des Elbe-Urstroms im anschließenden Hochglazial mit 20-40 m mächtigen, sandigen und kiesigen Schottermassen ausgefüllt. In diese nunmehr als Niederterrasse bezeichnete Aufhöhung grub sich im feuchtwarmen Klima der Nacheiszeit die damalige "Elbe" erneut ein, ohne jedoch die vorher abgelagerten Sedimente zu durchschneiden. So blieb der Strom in seinem mittleren Verlauf ein "Sandfluss". Er unterscheidet sich damit sowohl von der bereits unter dem Gezeiteneinfluss stehenden Unterelbe als auch von den anderen Flüssen Norddeutschlands, beispielsweise der Weser, deren Bett im mittleren Teil mit einer fast geschlossenen Auenlehmdecke ausgekleidet ist. Überall dort, wo die Niederterrassen nicht mehr überflutet wurden, waren sie Angriffsflächen für die Kräfte des Windes. Durch Verwehungen entstanden Dünen und Flugsandanhöhen, andererseits Ausblasungsmulden, in denen sich in der Folgezeit Niedermoore entwickeln konnten.

Offene, vegetationsarme Binnendünen gibt es heute nur noch selten. Zu den imposantesten gehören die bis 40 Meter hohen Dünen von Klein Schmölen (bei Dömitz und Stixe (bei Neuhaus). Hier bewegen sich die Sandkuppen, vom Wind getrieben, sichelförmig vorwärts und "überwandern" dabei sogar den angrenzenden Baumbestand.

Nicht nur zur Winterzeit: Hochwasser an der Elbe

Wer als Besucher des Elbtales das kleine am Hang der Osthannoverschen Endmoräne gelegene Städtchen Hitzacker als Eingangspforte wählt, sollte nicht versäumen, zunächst den Aussichtspunkt auf dem Weinberg zu erklimmen. Zu jeder Jahreszeit bietet sich von hier aus ein prächtiger Blick in die Weite der sich ständig wandelnden Niederungslandschaft.

Bei hohen Wasserständen der Elbe im Winter wird der Eindruck eines Binnenmeeres vorgetäuscht. Zwischen den Deichen des Stroms und der Niederung seines Seitenflusses Jeetzel staut sich eine Wasserfläche von mehr als drei Kilometern Breite auf. Wie kleine Inseln ragen die Warftendörfer Wussegel und Nienwedel mit ihren dicht zusammengedrängten Häusern und ihren heute durch Deiche geschützten Wiesen aus dieser Wasserwüste heraus.

Nur wenige Monate später, im März oder April, ein vollkommener Szenenwechsel: Das Wasser hat sich auf den engeren Stromschlauch zurückgezogen; Wiesen, Weiden, Hecken und Röhrichte sind wieder "aufgetaucht". In den

"Grüppen" jedoch, die das Grünland in regelmäßigem Muster durchziehen, verbleiben noch einige Zeit langgezogene Wasserlachen. Sie bieten ideale Rast- und Nahrungsbedingungen für eine große Zahl durchziehender Vögel: Für Tausende von **Blässgänsen** und **Saatgänsen** oder Hunderte nordischer **Singschwäne** und **Zwergschwäne**, deren leuchtend weißes Gefieder sich besonders kontrastreich vom ersten Grün der Wiesen abhebt.

Wenige Wochen später blühen **Wiesenschaumkraut** (*Cardamine pratensis*), **Löwenzahn** (*Taraxacum officinale*) und **Sumpfdotterblumen** (*Caltha palustris*); offenes Wasser hat sich in Flutmulden und Senken zurückgezogen. Natürlich wechselt auch die Geräuschkulisse: Statt der zumeist nasalen Laute der Entenvögel sind nun melodische Rufe von **Brachvögeln** und **Uferschnepfen** zu hören.

Im Mai oder Juni können die Wiesen im Überschwemmungsgebiet plötzlich erneut unter Wasser stehen. Dann führt die Elbe ein Sommerhochwasser – oder wie der Volksmund sagt – "Johanni-

Links: Eisgang bei Hochwasser.

Oben: Bei jedem Hochwasser verändert sich der Überschwemmungsbereich durch Sedimentablagerung.

Unten: Wiesenameisen (Myrmica gallienii) klammern sich bei Sommerhochwasser zu einem Rettungsfloß zusammen.

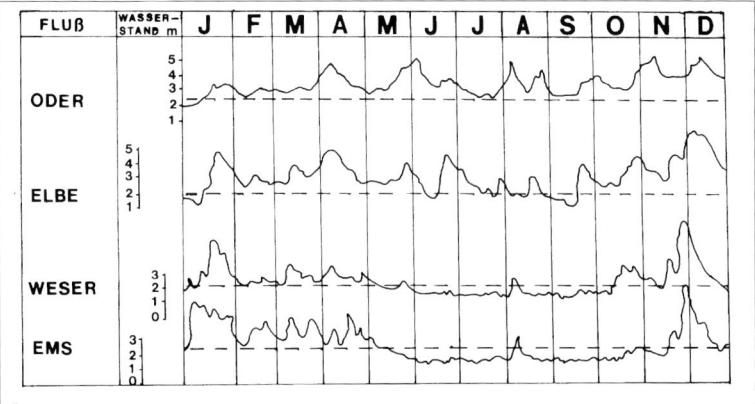

FLUß	WASSER-STAND m	J	F	M	A	M	J	J	A	S	O	N	D
ODER	5 4 3 2 1												
ELBE	5 4 3 2 1												
WESER	3 2 1 0												
EMS	3 2 1 0												

Hochwasser". Ein solches Ereignis tritt an der Elbe im Gegensatz zu anderen Flüssen Nordwest-Deutschlands regelmäßig auf.

Die Ursachen dieser Wasserzufuhr sind in starken, oft wochenlang andauernden Regenfällen zu suchen, die im Quellgebiet des Stromes, also im Sudeten- und Karpatenraum, niedergehen. Wenngleich die Spitzenwasserstände der Wintermonate nicht erreicht werden, so beeinflussen diese Überschwemmungen während der Vegetationsperiode die Tier- und Pflanzenwelt sowie die Nutzung der landwirtschaftlichen Flächen besonders nachhaltig. Keinesfalls jede Pflanzenart vermag nämlich die Überflutung schadlos zu überstehen. Im Laufe der Jahrhunderten haben sich daraus im Wirtschaftsgrünland Pflanzengesellschaften eingestellt, deren Artenspektrum ein unverwechselbar "mittelelbisches" Gepräge aufweist. Freilich wird dies zunächst nur der Fachmann erkennen. Dem weniger fachkundigen Naturfreund werden jedoch die reichen Bestände der **Gelben Wiesenraute** (*Thalictrum flavum*), der **Brenndolde** (*Cnidium dubium*) und der **Sumpfplatterbse** (*Lathyrus palustris*)

Wasserstände mitteleuropäischer Flüsse im Jahresverlauf. Zu beachten die periodischen Sommer-Hochwässer an Elbe und Oder.

auffallen, die als seltene eurasiatisch-kontinentale Blütenpflanzen ihre Verbreitung im östlichen Mitteleuropa haben und im Elbtal ihre Westgrenze erreichen.

Eine Überschwemmung im späten Frühjahr bleibt natürlich für die Tierwelt der Elbvorländer und der Rückstauräume ihrer Seitengewässer nicht ohne Folgen. Positiv wirkt sie sich auf die Fischfauna aus, da nunmehr günstige Laichbedingungen für **Brassen** (*Abramis ballerus*), **Plötze** (*Rutilus rutilus*), **Zopen** (*Abramis ballerus*), **Güster** (*Blicca björkna*), **Hechte** (*Esox lucius*), **Zander** (*Stizostedion lucioperca*) und viele weitere Arten gegeben sind. Ihr millionenfacher Nachwuchs bildet auch die Nahrungsgrundlage für viele fischverzehrende Vogelarten. Neben den Überschwemmungsflächen war es vor allem der noch naturnahen Uferausprägung der Elbe und ihrer wenig ausgebauten Seitenzuflüssen zu verdanken, dass das Artenspektrum trotz schlechter Wassergüte während der DDR- Zeit überdauern konnte. Seit der politischen Wende werden vom Bundesverkehrsministerium erhebliche Finanzmittel für die Sanierung der über Jahrzehnte nur wenig unterhaltenen Buhnen und Leitwerke entlang der Elbe bereitgestellt. Dadurch verlieren viele Uferabschnitte jene Strukturen wieder, die der Strom mit seiner Kraft im Laufe der Jahre sich wieder geschaffen hatte und die vor allem auch den Fischen zugute kamen. Bisher scheint es noch nicht gelungen, ökologische Notwendigkeiten und ökonomische Ansprüche unter einen Hut zu bringen.

Für die Wiesenvögel entstehen durch jahreszeitlich späte Überschwemmungen eher Nachteile. Sie finden bei steigendem Wasser im Elbvorland kaum Brutmöglichkeiten und verlieren vielfach Nester und Jungvögel. Dem **Weißstorch** (*Ciconia ciconia*) fehlen bei vollständiger Überflutung wichtige Nahrungsräume. Insekten, die ihre ersten Entwicklungsstadien in Bodennähe durchlaufen, finden in diesen Zonen grundsätzlich weniger günstige Lebensbedingungen vor, da bei ansteigendem Wasser ihre Larven und Puppen zugrunde gehen.

Für diese Organismen ist es wichtig, bei Überschwemmungen auf die binnendeichs gelegenen Feuchtlebensräume ausweichen zu können. Zwischen der abgedeichten Marsch mit ihrem noch reichhaltigen Netz von Feuchtwiesen, Flutrinnen und Qualmwasserzonen einerseits und den direkten Überschwemmungsräumen andererseits bestehen somit vielfältige Wechselbeziehungen und Abhängigkeiten, wobei der Aktionsraum vieler Tiere mehrere Lebensraumtypen umfasst.

In strengen Wintern kann die Elbe vollständig zufrieren. Dann herrscht Nahrungsknappheit: Graureiher kämpfen um einen erbeuteten Fisch.

Von den Folgen der Klimascheide

Das Klima der Elbtalaue ist von Westen nach Osten durch zunehmende Kontinentalität und sich abschwächende ozeanisch-maritime Einflüsse geprägt. Die räumliche Lage des von Südosten nach Nordwesten vorstoßenden Elbtales, das sich deutlich von den randlichen Geesthöhen abgrenzt, führt zu einem Übergangsklima, das sowohl atlantischen wie auch kontinentalen Einflüssen ausgesetzt ist. Große Temperaturschwankungen im Jahresverlauf, rasch ansteigende Frühjahrstemperaturen und im ganzen recht hohe Sommertemperaturen mit einem monatlichen Mittelwert von 17,9 °C im Juli sind hier zu nennen.

Der Geestrücken des Drawehn wirkt wie ein "Regenfänger". Er bildet eine Klimascheide zwischen der recht niederschlagsreichen Lüneburger Heide und der niederschlagsarmen Elbtalaue. Östlich der Randhöhen erwärmt sich die absteigende Luft, Wolkenfelder lösen sich auf. Weiter östlich gewinnt das kontinentale Klima mit höheren Temperaturen, mehr Sommertagen und kälteren Wintern an Einfluss. Insbesondere entlang der sandig-trockenen Binnendünen, Deiche und Talsandflächen im elbnahen Bereich können sich sonst nur im südeuropäischen Raum verbreitete Tierarten wie **Wespenspinne** (*Argiope bruennichi*) und **Streifenwanze** (*Graphosoma lineatum*) halten. Sie erreichen, ebenso wie **Feldgrille** (*Gryllus campestris*) und **Maulwurfsgrille** (*Gryllotalpa gryllotalpa*), in der Elbtalaue ihre nördliche Verbreitungsgrenze.

Die mittlere Niederschlagssumme im Winterhalbjahr (Oktober-März) liegt bei 250 mm, im Sommerhalbjahr (April-September) werden durchschnittlich 325 mm gemessen. Zur Urlaubs- und Erntezeit bringen zum Leidwesen der Urlauber und zum Ärger der Landwirte kurze, heftige Gewitterregen gelegentlich Niederschlagsmengen mit sich, die die normale monatliche Menge weit übersteigen. Im Jahresdurchschnitt betrachtet gehören Regionen des Biosphärenresrvates zu den niederschlagsärmsten Gebieten der Bundesrepublik. Die vergleichsweise hohe Anzahl von 180 bis 190 frostfreien Tagen ist auf den ausgleichenden atlantischen Einfluss zurückzuführen. Andererseits kann die Elbe – genauso wie die Oder und Weichsel im Osten – in kalten Wintern völlig zufrieren. Sie ist dann für Mensch und Tier leicht zu überqueren.

Wärmeliebende Arten wie die Streifenwanze drängen im Elbtal weit nach Nordwesten vor.

Ein Hauch von Geschichte

Funde von Faustkeilen in eiszeitlichen Ablagerungen und von Steinschlagstätten auf flussbegleitenden Dünen lassen darauf schließen, dass bereits zur Steinzeit Menschen das Elbtal besiedelt haben. Wie archäologische Grabungen auf Kuppen und Erhebungen entlang der Elbe und ihrer Nebenflüsse belegen, wurden unsere Vorfahren dort schon vor 7.000 Jahren sesshaft, trieben Ackerbau, wohnten in ansehnlichen Häusern und begruben ihre Toten in Großstein-

gräbern. Umfangreiche Siedlungsplätze aus der Jung-Steinzeit wurden etwa am Höhbeck bei Pevestorf sowie am Jeetzelufer bei Hitzacker freigelegt. Ruinen von Hünengräbern lassen sich heute noch in der Altmark, in Mellen bei Lenzen, auf dem Drawehn und an den Elbhängen zwischen Walmsburg und Altgarge bestaunen.

Zur Bronzezeit wuchs die Bedeutung der Elbe als Verkehrs- und Handelsweg – besonders an Mündungen von Nebenflüssen ließen sich Kaufleute und Tauschhändler nieder. Zum Ausgang der Eisenzeit und während der Römi-

Das Gartower Schloss steht auf dem Fundament einer alten Wasserburg.

schen Kaiserzeit hinterließen die vorwiegend westlich der Elbe siedelnden Langobarden an hochwasserfreien Plätzen beiderseits des Stromes vor allem durch zahlreiche Urnengräber beredte Zeugnisse ihrer Anwesenheit. Im Zuge der Völkerwanderung räumten die germanischen Stämme jedoch weitgehend das Gebiet.

Vom 8. Jahrhundert an besetzten slawische Stämme, die "Wenden", die wald- und seenreiche Landschaft östlich der Elbe, während sich die Sachsen vor allem westlich des Flusses niederließen. Besonders bei Havelberg, Klein Lüben, Lenzen, im Elbholz und am Höhbeck, aber auch in den Tälern von Seege und Jeetzel wurden etliche Fluchtburgen angelegt, die nach kriegerischen Auseinandersetzungen öfter den Besitzer wechselten.

929 schlug Heinrich I. von Sachsen die Wenden in der Löcknitzniederung bei Lenzen. Damit begannen die Kolonisation und Christianisierung ostelbischer Gebiete durch deutsche Adelsgeschlechter. Ihren Höhepunkt erreichte sie mit der Unterwerfung weiter Bereiche Mecklenburgs durch Heinrich den Löwen (1129 – 1195) und der Rückeroberung des 983 beim Wendenaufstand verlorenen Bistums Havelberg und der 1170 erfolgten Weihung seines mächtigen romanischen Domes in Havelberg.

Am wichtigen Handelsweg Magdeburg – Lüneburg blühten nun etliche Handelsplätze und Städte auf. Die Gründung von Werben, Seehausen, Bad Wilsnack, Wittenberge, Schnackenburg, Dannenberg, Hitzacker, Bleckede und Boizenburg fällt in diese Zeit. Einfache Holzkirchen oder Feldsteinkapellen wurden ab dem 12. Jahrhundert zu prachtvollen Backsteinbauten umgewandelt. Handwerker errichteten meterdicke gemauerte Burgtürme, die wie in Lenzen, Dannenberg und Lüchow bisher die Jahrhunderte überdauerten.

In der Altmark rief Albrecht der Bär um 1160 holländische Kolonisten ins Land, die mit der Eindeichung der Elbe begannen. Die um 900 einsetzende Rodung der Wälder für den Ackerbau westlich der Elbe war um 1100 weitgehend abgeschlossen. Eine in Niedersachsen durchgeführte Agrarreform durch Zusammenlegung von je vier alten "Latenhufen" zu großbäuerlichen "Maierhöfen" nahm vielen Bauernfamilien ihre Arbeit, die im dünn besiedelten Mecklenburg, begünstigt durch kirchliche und ritterliche Grundherren, eine neue Heimat fanden. In bis zur Reformation andauernden Fehden und Erbauseinandersetzungen von Fürsten, Grafen und Rittern fielen zahlreiche Höfe, Dörfer und Fluren durch Brandschatzung und Zerstörung brach. Unbilden wie Kriege, Pest und Feuersbrünste kennzeichneten auch die Zeit bis ins 19. Jahrhundert.

Rechtstreitigkeiten zwischen den askanischen Brandenburgern und dem welfischen Lüneburg sorgten vor allem im 16. und 17. Jahrhundert für anhaltende Unruhen und im Dreißigjährigen Krieg wurden besonders die strategisch wichtigen Städte im Elbtal immer wieder belagert und verwüstet. Ein Beispiel dafür mag die 1555 – 1565 auf den

Grundmauern einer alten Wendenburg errichtete pentagonale Festungsanlage Dömitz an der Elbemündung sein. Die Mecklenburger mußten die Festung vom mecklenburgischen Herzog Albert I. nacheinander an die Dänen, die Kaiserlichen unter Pappenheim und Wallenstein an die Schweden und zur "Franzosenzeit" an napoleonische Truppen abtreten. Einige kunsthistorisch bedeutsame Bauwerke aus dem Barock haben die bewegten Zeiten einschließlich der beiden Weltkriege weitgehend unbeschadet überdauert, so der verzierte Fachwerkflügel des Bleckeder Schlosses, Schloss und Kirche in Gartow, und das Boizenburger Rathaus.

Die Neuzeit brach 1817 mit Eintreffen der ersten Dampfer im Hamburger Hafen an. Von 1842 an wurde die Elbe Zug um Zug ausgebaut, 1873 entstand die erste Eisenbahnbrücke über die Elbe, 1936 bei Dömitz die erste Straßenbrücke. Beide Brücken wurden Ende des Zweiten Weltkrieges zerstört. Von 1945 an war die Elbe dann Grenzlinie zwischen der sowjetischen Besatzungszone, später DDR, und dem übrigen Bundesgebiet. Verminte Todesstreifen bildeten eine nahezu unüberwindbare Grenze. Die friedliche Revolution vom 9. November 1989 in der DDR riss die Grenzsperren nieder und führte die Menschen beider deutscher Staaten wieder zusammen: Elbfähren verbinden seitdem die Ufer; die wieder aufgebaute Straßenbrücke bei Dömitz wurde Ende 1992 fertiggestellt.

November 1989 – der Grenzzaun ist gefallen.

Die Lebens-
räume und
ihre Bewohner

Der Strom und seine Seitengewässer

Bevor der Mensch die Elbe durch den Bau von Deichen auf den Hauptstrom festgelegt hatte, war sie Teil eines vielgestaltigen Lebensraumes, ähnlich, wie er an der französischen Loire heute noch erhalten ist. In einem breiten Flussbett mäandrierte der tiefe Strom. Unbewachsene und vom Hochwasser immer wieder umgelagerte Sandbänke trennten den Hauptstrom von flacheren, langsamer fließenden Seitengewässern. Am Fuße eiszeitlicher Geschiebe fanden sich Bänke aus gröberem Geröll. Höher

aufragende Inseln trugen Flutrasen, Großseggenriede, Weich- oder auch Hartholzauen. Während des spätsommerlichen Niedrigwasserstandes konnte man die Elbe an diesen sogenannten Werdern zu Fuß durchwaten. Am Rand schuf der Strom steile Abbruchkanten.

Vor allem das seit Ende des 19. Jahrhunderts wachsende Bestreben, die Elbe ganzjährig schiffbar zu machen, hat das Bild der Elbe nachhaltig verändert. Die Mäander – die starken Flusswindungen – wurden durch den Bau von Buhnen (dammartige Uferverbaue) in ihrem freien Lauf eingeengt, Sand- und Geröllbänke wurden weggebaggert und die Fahrrinne vertieft. Immer neue Buhnen zwangen den Strom in ein festes Bett, das dadurch auch immer schmaler wurde. Die Nebengewässer dagegen verlandeten mehr und mehr. In dieser festgelegten Rinne erhöhte sich die Fließgeschwindigkeit des Wassers, die Elbe grub sich tiefer und tiefer ins Flussbett ein. Trotzdem war die gewünschte Fahrtiefe im Spätsommer nicht gegeben. Zudem sank der Grundwasserstand in der Talaue. Ein Stauwehr bei Geesthacht, in

Links: Auwald im Elbvorland.
Oben: Fliegender Graureiher
Unten: Typische Stromtalpflanze: das
seltene Gottesgnadenkraut.

den 60er Jahren erbaut, soll seither den beschriebenen Erosionsprozess abbremsen.

Ursprünglich war die Elbe ein sehr fischreicher Fluss. **Meer-** und **Flussneunaugen** (*Lampetra marinus, Petromyzon fluviatilis*), **Störe** (*Acipenser sturio*), **Lachse** (*Salmo salar*), **Nordseeschnäpel** (*Coregonus oxyrhynchos*) und **Maifische** (*Alosa alosa*) stiegen zu Tausenden zum Laichen stromaufwärts. Noch bis zum Anfang des 20.Jahrhunderts waren die Sand- und Kiesbänke an den Ufern des Stromes zwischen Sandau und Tangermünde sowie bei Wittenberge und Cumlosen wichtigste Laichplätze des Nordseeschnäpels. Seitdem ist die Art an der Elbe ausgestorben. Jedoch wurden im Mai 2000 mehr als 500.000 Brütlinge wieder ausgesetzt. Nun heißt es Geduld zu beweisen, denn in erst 3-4 Jahren sind die ersten Rückkehrer dieser Wanderfischart zu erwarten. Doch stehen seit dem April 1998 die Chancen für die Rückkehr von Lachs, Quappe und Schnäpel wieder besser. Endlich wurde nämlich in diesem Jahr am Wehr Geesthacht eine funktionstüchtige Fischtreppe fertiggestellt, die nun zumindest eine bessere Passierbarkeit für wandernde Fische ermöglicht.

Aktuellen fischökologischen Untersuchungen zufolge leben in der Mittleren Elbe zwischen Magdeburg und Boizenburg sowie an ausgewählten Nebenflüssen 42 Fisch- und Neunaugenarten. Dabei handelt es sich um 38 Süßwasserarten und vier Wanderfischarten (diadrome Formen). Die höchste Artendichte besteht im Einzugsbereich der brandenburgischen Seitenzuflüsse Karthane und Stepenitz. Im Raum Havelberg fanden die Forscher der Universität Hamburg und Instituts für Binnenfischerei Potsdam/Sacrow 28 Arten. Viele hiervon zählten heute zu den stark gefährdeten, kieslaichenden und strömungsliebenden Arten. Die mittlere Gesamthäufigkeit der Fische lag bei mehr als 5.000 Individuen pro Hektar. Davon entfielen jedoch gut 80 % auf Fische mit einer Totallänge von nur weniger als 10 cm.

Der Schiffsverkehr auf der Elbe ist heute nur noch gering. Im Hintergrund die Stadt Dömitz.

Die Elbe in Kürze

Der Gesamtlauf der Elbe (ca. 1.091 km) wird eingeteilt in:

- Obere Elbe: Von der Elbquelle bis zum Übergang zum Norddeutschen Flachland beim Schloss Hirschstein (Elbe-km 96,0 auf deutschem Gebiet)
- Mittlere Elbe: Vom Schloss Hirschstein (Elbe-km 96,0) bis zum Wehr Geesthacht (Elbe-km 585,9)
- Untere Elbe: Vom Wehr Geesthacht (Elbe-km 585,9) bis zur Mündung in die Nordsee an der Seegrenze bei Cuxhaven-Kugelbake (Elbe-km 427,7)

Der Elbabschnitt des Biosphärenreservates Flusslandschaft Elbe nimmt mit 400 km Fließstrecke 37% der Gesamtlänge ein.

Zum Flusssystem gehören folgende Nebenflüsse:

rechtselbisch: Schwarze Elster, Nuthe, Ehle, Havel, Karthane, Stepenitz, Löcknitz, Elde, Sude, Boize, Stecknitz
linkselbisch: Mulde, Saale, Ohre, Tanger, Aland, Seege, Jeetzel, Kateminer Mühlenbach

Vom Gesamtniederschlagsgebiet von 148.268 km^2 entfallen auf:

- Tschechien	33 %
- Polen	1 %
- Österreich	1 %
- Deutschland	65 %

Das Biosphärenreservat Flusslandschaft Elbe stellt mit 375.000 ha lediglich 2,5 % des Gesamt-Niederschlagsgebietes dar.

Der Oberflächenabfluss der Elbe unterliegt starken Schwankungen. Für das Jahr 1989 wurden am Pegel Neu Darchau folgende Werte ermittelt:

- niedrigster Abflusswert NQ$_{89}$	202 cbm/s
- mittlerer Abflusswert MQ$_{89}$	520 cbm/s
- höchster Abflusswert HQ$_{89}$	1.655 cbm/s

Die durchschnittliche Wassertiefe bei mittleren bis niedrigen Abflüssen liegt bei 1 bis 2 m. Im langjährigen Mittel beträgt die Differenz zwischen dem Niedrigwasserstand und dem mittleren Hochwasserstand bei Hitzacker (Elbe-km 523) annähernd 4,50 m.

Die mittlere Strömungsgeschwindigkeit beträgt 1 m/s.

Quelle: v.a. IKSE 1998

Die strömungsärmeren sand- und kiesigen Buhnenfelder sind auch als Rast- und Überwinterungsplatz für eine Reihe von Zugvögeln wie **Gelbschnabelschwäne, Gänse und Enten** ideal. Fischfresser wie **Kormorane** (*Phalacrocorax carbo*) und **Säger** sind am Strom genauso zu beobachten wie **Rot-** und **Schwarzmilan** (*Milvus milvus; M. migrans*), die nach geschwächten Fischen Ausschau halten. Auch der **Seeadler** (*Haliaeetus albicilla*) nutzt diese Bereiche der Elbe zur Nahrungssuche.

Trotz aller strombaulichen Eingriffe hat der Fluss jedoch im Lebensraumverbund mit der anschließenden Talaue eine außerordentliche ökologische Bedeutung behalten. Er ist die Lebensader des Gesamtsystems, da er den für Flora und Fauna unersetzlichen Hochwasserrhythmus aus den Quellgebieten vermittelt.

Wie sehr Pflanzen und Tiere vom Auf und Ab des Wassers abhängig sind, zeigt sich auch in den Nebengewässern des Elbestromes, vor allem aber in den Seitentälern der Elbe. In den Haken, Flutrinnen und besonders in den Deichbuchten strömungsgeschützter Bracks existiert eine für Stromtäler typische Flora und Fauna. Eingerahmt von Waldbeständen der Weich- und Hartholzaue geben diese Gewässer dem Deichvorland ein malerisches Gepräge. **Teichrose** (*Nuphar lutea*), **Seerose** (*Nymphaea alba*), **Seekanne** (*Nymphoides peltata*) und verschiedene Laichkrautgewächse bilden ausgedehnte Schwimmblattgesellschaften. Am Uferrand stehen **Schwanenblume** (*Butomus umbellatus*), **Blutweiderich** (*Lythrum salicaria*) und **Sumpf-Schwertlilie** (*Iris pseudacorus*). Unter den interessanten Kleinfischen sind **Bitterling** (*Rhodeus sericeus amarus*), **Stichling** (*Gasterosteus aculeatus*) und **Steinbeißer** (*Cobitis taenia*) zu nennen. Eine Besonderheit: In manchen Jahren tritt die **Süßwasserqualle** (*Craspedacusta sowerbyi*) auf.

Das Grünland im Außendeichgelände ist noch heute der Macht des Stromes ausgeliefert und noch sehr naturnah erhalten. Ausgedehnte **Knickfuchsschwanz-Flutrasen** (*Rumici-Alopecuretum geniculati*) stellen eine natürliche

Pioniergesellschaft. Sie schließen die durch Hochwasser und Eisgang geöffneten Böden. Typische Arten sind **Quecke** (*Agropyron repens*) und **Knickfuchsschwanz** (*Alopecurus geniculatus*), aber auch farblich auffallende Kräuter wie **Alant** (*Inula britannica*), **Gänsefingerkraut** (*Potentilla anserina*) und **Pfennigkraut** (*Lysimachia nummularia*). Etwas abseits vom Strom, dort wo das Hochwasser an Einfluss verliert, finden sich **Straußampfer-Margeriten-Wiesen** (*Chrysanthemo-Rumicetum thyrsiflori*). Im Frühsommer schmückten sie sich in bunter Farbenpracht mit **Margerite** (*Chrysanthemum leutcanthemum*) und **Wiesenglockenblume** (*Campanula patula*). Bei künstlicher Düngung und starker Beweidung beansprucht die monotone **Weidelgras-Weißklee-Weide** (*Lolio-Cynosuretum cristati*) einen hohen Flächenanteil.

Ein interessanter Lebensraum ist die Uferberme, jener Absatz der Uferböschung, der bei Hochwasser immer wieder mit aus dem Strombett gerissenem Sand dünig überlagert wird. Hier ist die **Filzpestwurz-Gesellschaft** (*Saponario-Petasitetum spurii*) heimisch, die durch lockere Bestände von **Filzpestwurz** (*Petasites spurius*) und **Landreitgras** (*Calamagrostis epigeios*) geprägt ist. Als natürliche Schlussgesellschaft ist an derartigen Standorten in Resten der **Pappel-Silberweiden-Wald** (*Populo-Salicetum albae*) mit **Schwarzpappel** (*Populus nigra*) und **Silberweide** (*Salix alba*) erhalten.

Links: Die "Taube Elbe", ein alter Elbarm bei Hitzacker.

Unten: Eintrocknende Restgewässer bieten dem Schwarzstorch reichlich Nahrung.

Auf uferfernen Sandflächen findet sich die **Frühseggen-Schnittlauch-Flur** (*Allio-Caricetum praecocis*). Sie ist eine Pioniergesellschaft, die schon nach Abklingen der Hochwässer im April ein buntes Frühlingsbild mit **Hungerblümchen** (*Erophila verna*), **Kleine Wicke** (*Vicia lathyroides*), **Feldehrenpreis** (*Veronica arvensis*) und **Gemeinem Feldsalat** (*Valerianella locusta*) zeigt. Charakterart ist der **Schnittlauch** (*Allium schoenoprasum*), dessen rötlich-violette Blütenköpfe Anfang Juni weithin leuchten.

In Flutmulden mit stark schwankendem Wasserstand wachsen die **Wasserfenchel-Sumpfkressen-Gesellschaft** (*Oenantho-Rorippetum amphibiae*) und das **Wasserschwaden-Röhricht** (*Glycerietum maximae*).

Nebenflüsse der Elbe

Die Unterläufe der Elbnebenflüsse sind aus Parallelarmen der Elbe hervorgegangen, die durch den Bau von Deichen vom Hauptstrom abgeschnitten wurden. Heute werden diese Flüsse durch das Qualmwasser sowie aus dem eigenen Quellgebiet gespeist. Die Auen der Nebentäler liegen niedriger als diejenigen des Elbstromes selbst, da die Auflandung an der Elbe weit schneller erfolgt. Infolgedessen strömt das Hochwasser der Elbe vom Unterlauf her in die Nebentäler ein, wobei sich dabei die Fließrichtung streckenweise umkehrt. Nebenflüsse und angrenzende Talauen – wie auch das Vorland mit seinen Gewässern – haben für den Strom die Funktion eines Regenerationsraumes. Am Grunde der Flüsse leben **Malermuschel** (*Unio fluviatilis*) und **Teichmuschel** (*Anodonta cygnaea*). Zur Fischfauna zählen **Hecht** (*Esox lucius*), **Zander** (*Stizostedion lucioperca*), **Aalquappe** (*Lota lota*), **Kaulbarsch** (*Gymnocephalus cernua*), **Zope** (*Abramis ballerus*), **Schlammpeitzger** (*Misgurnus fossilis*)

und **Moderlieschen** (*Leucaspius delineatus*). In den stillen Bracks wachsen seltene Wasserpflanzen wie die **Krebsschere** (*Stratiotes aloides*).

Die ganze Palette an Wirbellosen wie **Plattwürmer** (*Turbellaria*), **Ringelwürmer** (*Oligochaeta*), **Wasserschnecken** (*Basommatophora*), **Krebse** (*Phyllopoda, Copepoda, Ostracoda*) und Insekten kommt hier vor.

In der offenen Talaue kann das bis zu 1,5 Meter hohe **Schlankseggenried** (*Caricetum gracilis*) landschaftsbestimmend sein. Vor allem in der Seege-Niederung ist die bestandsbildende **Schlanksegge** (*Carex gracilis*) häufig. Im Grünland der etwas höher gelegenen Talaue tritt als bunte, extensiv genutzte Mähwiese die **Sumpfplatterbsen-Wiese** (*Poae-Lathyretum palustris*) auf. Im Frühling blühen dort **Sumpfdotterblume** (*Caltha palustris*), **Wiesenschaumkraut** (*Cardamine pratensis*) und **Hahnenfuß** (*Ranunculus repens, R. auricomus*). Der Hochsommer gehört der violett-rot blühenden **Sumpfplatterbse** (*Lathyrus palustris*), die wie das **Gottesgnadenkraut** (*Gratiola officinalis*) westlich der Elbe selten ist.

Die im Seegetal typische **Brenndolden-Wiese** (*Cnidio-Violetum persicifoliae*) hat eurasiatisch-kontinentale Verbreitung und findet in der Elbtalniederung ihre westliche Verbreitungsgrenze. Sie wächst auf uferfernen, allenfalls kurzzeitig überfluteten Flächen. Charakterarten sind die **Brenndolde** (*Cnidium dubium*), das **Pfirsichblättrige Veilchen** (*Viola persicifolia*), die **Sumpfschafgarbe** (*Achillea ptarmica*) und die **Färberscharte** (*Serratula tinctoria*). In der Aland-Niederung gesellen sich **Wiesenknopf** (*Sanguisorba officinalis*) und **Wiesensilge** (*Silaum silaus*) dazu. Im Spülsaum auf nährstoffreichem, schlick-sandigem Boden entwickelt sich das **Korb- und Mandelweidengebüsch** (*Salicetum triandro-viminalis*).

Dort, wo sich in stillen Buchten der Gewässer Schwimmblattgesellschaften entwickeln können, leben die **aquatischen Kleinschmetterlinge** (*Microlepidoptera*) *Nymphula stagnata*, *N. nymphaeata* und *Cataclysta lemnata*. Diese **Zünsler** (*Pyralidae*) haben eine außergewöhnliche Biologie: Als Raupe fressen sie unter Wasser – mit Kiemen ausgestattet bzw. in einem "Luftsack"

lebend – an Schwimmblattpflanzen wie **Laichkräutern**, **Wasserlinsen** und **Krebsschere** (*Stratiotes aloides*).

An der Brenndolde, einer typischen Pflanzenart in den Überschwemmungs-wiesen des Elbetales, frisst auch die Raupe des Schwalbenschwanzes.

Auwälder – wenn der Wald im Wasser steht

Der parkähnliche Charakter weiter Elbvorländer mit lockerem Baumbestand und schwachwelligen Wiesen und Weiden täuscht leicht darüber hinweg, dass der Anteil geschlossener Wälder hier ursprünglich ungleich höher war. Soweit die Überschwemmungen des Stromes reichten, erstreckte sich das Reich der **Auwälder**. Heute gehört dieser Waldtyp zu den am stärksten bedrohten Lebensräumen in ganz Mitteleuropa. Ihr Anteil ist in den Schutzgebieten der Bundesrepublik am wenigsten vertreten, und die Gründung neuer Bestände ist meist schwer.

Auenlandschaften entlang der großen Ströme galten von jeher als bevorzugte Siedlungsräume für den Menschen, die Wälder fielen daher seinen Händen zuerst und nahezu vollständig zum Opfer. Die verlorene Welt des Auwaldes kennenzulernen, seine verwirrende Vielfalt an Arten, Geräuschen und Gerüchen zu erleben, aber auch Zeuge der hohen Walddynamik zu sein, deren Motor die Macht des Wassers, des Eisganges, aber auch die Geschäftigkeit des Bibers sind, gelingt im Elbtal noch an vielen Stellen. Die flächenmäßig größten Auwälder existieren heute an der mittleren Elbe

unweit von Dessau. Herzstück ist hier der Steckby-Lödderitzer Forst, ein knapp 4000 ha großes Naturschutzgebiet mit mehr als 1.500 ha Hartholz-Auwäldern beidseits des Stromes. Bereits 1979 wurde dieses Gebiet von der UNESCO als Biosphärenreservat anerkannt.

An der unteren Mittelelbe finden sich nur eine Reihe kleinflächiger Bestände, in denen sich aber der Charakter dieses üppigen Waldes dennoch wunderbar erleben lässt. Auf westlicher Seite sind das Naturschutzgebiet Vitico bei Bleckede, das Jasebecker Vorland, das Elbholz bei Gartow und Auwaldreste zwischen Schnackenburg und Warenberg Anlaufstellen für Naturfreunde. Auf östlicher Seite sind vor allem die Auwaldreste bei Rühstädt und Quitzöbel bekannt.

Auwälder werden – entsprechend der Härte der vorherrschenden Baumarten – als **Weich-** oder **Hartholzauen** bezeichnet.

Unmittelbar angrenzend an die Sandbänke, Spülsäume und Röhrichte entlang der Wasserlinie der Elbe oder der

Links: Elbholz bei Gartow im Frühlingshochwasser

Rechts: Altholzbestände bieten vielen Tieren wie der Hohltaube (oben) und dem Moschusbock (unten) Lebensraum.

Seitenzuflüsse wie Sude, Jeetzel, Seege, Löcknitz und Aland wächst auf sandigen, oft hochgelegenen Ufern der **Pappel-Silberweidenwald**. Er wird regelmäßig bei Hochwasser überflutet und stellt gleichsam die "Kampfzone" zwischen der Wassergewalt und den sich anschließenden Vegetationseinheiten dar. Wenngleich die biegsamen Ruten des vorgelagerten **Korb- und Mandelweidengebüsches** besonders widerstandsfähig sind, so säumen dennoch nach jedem Hochwasser etliche entwurzelte Bäume und arg zerzauste Büsche mit langen "Bärten" aus angelandetem Treibsel das Elbufer. Ausdehnung und Ausprägung dieser Gehölzstreifen wechseln ständig und sind allein der Dynamik des Stromes unterworfen. Alles überragend stehen an vielen Stellen der Ufer mächtige **Schwarzpappeln** (*Populus nigra*), deren knorrige Erscheinung der Landschaft ihren unverwechselbaren Charakter verleiht. Sie sind ein bevorzugter Sitzplatz von **Seeadler** und **Rotmilan**. **Kormorane** versuchen bei "Landunter" im Frühjahr in den Pappeln zu brüten. Doch auch diese Veteranen sind vor der Kraft des Wasser nicht gefeit, irgendwann erliegen sie den Beschädigungen am Stammfuß durch Eisgang oder Unterspülungen des Wurzelraumes, um eines Tages in den Kreislauf der Natur zurückzukehren.

Die Weichholzauen entlang der Elbe und ihrer Seitengewässer hatten in der Vergangenheit, insbesondere auf der westlichen Elbseite, kaum eine Chance, sich zu regenerieren. Starker Beweidungsdruck durch Rinderherden, aber auch die steten Unterhaltungsarbeiten an und zwischen den Buhnen haben breite Ufersäume kaum aufkommen lassen. Von den Vogelarten hat besonders der **Flussuferläufer** (*Actitis hypoleucos*) unter der Veränderung der Weichholzaue gelitten, kaum ein Dutzend Paare sind noch verblieben.

Erst jetzt setzt sich zunehmend auch bei den zuständigen Behörden die Einsicht durch, dass intakte Ufergehölze wichtige Funktionen für den Uferschutz und für den Verbund der Lebensräume entlang der Ströme haben. Grundsätzlich gilt es, in diesem Bereich unserer Flüsse mehr Raum für deren Eigendynamik zu gewähren.

In den Kernzonen des Biosphärenreservats wird die Entwicklung solcher Auwälder vorrangiges Ziel sein. Zum Glück sind die Weiden- und Pappelwälder überaus regenerationsfähig und nehmen derzeit im Elbtal nahezu überall wieder zu. An einigen Stellen läßt sich dies besonders gut beobachten. So zum Beispiel am westlichen Elbufer zwischen Vietze und der Pevestorfer Fähre, wo im Sommer 1992 nach mehreren trockenen Jahren auf den ausgedehnten Sandbänken und Uferwällen entlang des Flusses Tausende von Samen der **Schwarzpappel** (*Populus nigra*), diverser Weidenarten und ihrer Bastarde und Samen von **Feld-** (*Ulmus minor*) und **Flatterulmen** (*Ulmus laevis*) keimten. Zunächst stehen sie noch im Schatten der bis zu einem Meter hohen Saumvegetation aus **Zweizahn** (*Bidens spec.*), **Ampfer-Knöterich** (*Polygonum lapathifolium*) und den tütenförmigen, weißfilzigen Blättern der **Filzpestwurz** (*Petasites spurius*). Bei ungestörter Entwicklung werden sie rasch heranwachsen, wie ein Blick auf das östliche Elbufer belegt. Dort waren schmale Vorlandareale nach dem Bau des DDR-Grenzzaunes auf der Kuppe des östlichen Deiches jahrzehntelang praktisch vom menschlichen Zugriff verschont. Vom Verbiss durch einzelne Rehe, die sich bei Hochwasser nur auf höher gelegene Inseln retten konnten, einmal abgesehen haben sich dort Weidengebüsche und Röhrichte ungehindert entwickeln können und rahmen schon heute – ungeachtet ihrer jungen Jahre – den Flusslauf malerisch ein.

Wirklich alte, galeriewaldartige Weichholzauen sind in besonders schöner Ausprägung am Aland in Höhe der Ortschaften Wanzer und Aulosen zu bewundern. Knapp zwanzig Meter hoch ragen die **Silberweiden** hier empor, die ihre optimale Entfaltung auf den etwas höher gelegenen feinkörnigen Aueböden erlangen. Ungewöhnlich auch der nahtlose Übergang von einer natürlichen Silberweidenaue in eine vom Menschen "überformte" Aue mit Kopfweiden am Rande der Ortschaften.

Der Naturfreund kann mit etwas Glück bereits von der Alandbrücke am Ortseingang von Aulosen die typischen Tierarten dieses Lebensraumes antreffen: den **Pirol** (*Oriolus oriolus*) im Wipfelbereich der Weiden, die **Beutelmeise** (*Remiz pendulinus*) an ihrem über dem Wasser schaukelnden Nest, den blauschimmernden **Eisvogel** (*Alcedo atthis*), aber auch den **Biber** (*Castor fiber*), von dessen Anwesenheit die Fraßspuren am jungen Weidengebüsch zeugen.

Geschlossene **Hartholzauwälder** sind heute im Elbtal nur noch in geringem Umfang anzutreffen. Anders als bei den Weichholzauen läßt sich hier auch keine aktuelle Trendwende einer erneuten Ausdehnung durch die Änderungen in der bisherigen Landnutzung erkennen. Hartholzauwälder entwickeln sich auf den höher gelegenen Stufen des Überschwemmungsbereiches mit oft tiefgründigen Aueböden. Gerade hier liegen auch die von der Landwirtschaft bevorzugten Grünlandflächen.Die zahlreichen knorrigen Eichen, dichten Gebüsche und Hecken auf den Wiesen und Weiden sind so etwas wie letzte Repräsentanten dieser Waldgesellschaft.

Zur vorherrschenden Baumart der Hartholzaue zählt eindeutig die **Stiel-Eiche** (*Quercus robur*), gefolgt von **Esche** (*Fraxinus excelsior*), **Feldulme** (*Ulmus minor*), **Flatterulme** (*Ulmus laevis*) und dem **Feld-Ahorn** (*Acer campestre*). In der artenreichen Strauchschicht dominieren **Weißdorn** (*Cratae-*

Der Wespenbussard ist Nahrungsspezialist unter den Greifvögeln. Im Flug ist er an dem weit vorgestreckten Kopf und den dunklen Binden an der Schwanzwurzel vom Mäusebussard zu unterscheiden.

gus laevigata, *C. monogyna*), **Schlehe** (*Prunus spinosa*), **Hundsrose** (*Rosa canina*), **Hartriegel** (*Cornus sanguinea*) und **Pfaffenhütchen** (*Evonymus europaea*); seltener wachsen dort **Kreuzdorn** (*Rhamnus cathartica*), **Holzapfel** (*Malus domestica*) und **Wild-Birne** (*Pyrus communis*).

Der Lebensraum Auwald zeigt sich dem Besucher besonders eindrucksvoll im Elbholz bei Gartow. Dieser ca. 160 ha große Wald befindet sich seit mehr als 200 Jahren im Besitz des Grafen Bernstorff in Gartow, wurde von der Familie schonend bewirtschaftet und war viele Jahre ein Rückzugsgebiet für die westdeutsche Kranichpopulation. Aufgrund der Eindeichungen wird das Elbholz – wie die meisten Auwaldreste im Elbetal – nicht mehr direkt vom Hochwasser des Stromes überflutet. Es erhält jedoch sogenanntes Qualm- oder Drängewasser, welches in zeitlicher Verzögerung unter den Deichen hindurchtritt und den Wald weitflächig vernäßt. Bäume und Sträucher des Auwaldes sind an solche Ereignisse bestens angepaßt. Bis zu einer dreimonatigen und 2,5 Meter hohen Überstauung können sie ohne Schaden ertragen.

Sicherlich, die indirekte Überflutung unterscheidet sich von der im Deichvorland: es fehlen die Nährstoffe der abgelagerten, tonreichen Sedimente und Getreibsel, daher tritt ein vergleichsweise nährstoffarmes Qualmwasser an die Oberfläche. Deutlich werden diese Unterschiede bei einem Blick in die Krautschicht. Im Vorland überwiegen Stickstoffanzeiger wie **Große und Sumpf-Brennessel** (*Urtica dioica, U. kioviensis*), **Kälberkropf** (*Chaerophyllum bulbosum*) und **Hain-Klette** (*Arctium nemorosum*), die meterhoch ein nahezu undurchdringliches Pflanzengewirr bilden können. Binnendeichs ist die Vegetation niedrigwüchsiger: Im Frühjahr fallen **Gelbstern** (*Gagea lutea*), **Scharbockskraut** (*Ranunculus ficaria*) und **Knoblauchsrauke** (*Alliaria petiolata*) ins Auge, später im Jahr **Gelbe Iris**

In den Auwäldern der Elbe (unten) nistet der Weißstorch noch auf Bäumen (rechts).

(*Iris pseudacorus*), **Seegrassegge** (*Carex brizoides*), **Hexenkraut** (*Circaea lutea*) und **Wald-Ziest** (*Stachys silvatica*).

Faunistisch stellen Auwälder ungemein artenreiche Lebensräume dar – insbesondere für die Insekten. Unter den holzbewohnenden Formen steigt ihre Anzahl vor allem dann beträchtlich, wenn, wie in einigen Teilen des Elbholzes, vom Keimling bis zum vermodernden Stamm alle Alters- und Zerfallsstadien der Vegetation vorhanden sind. Allein die Käfer sind in diesem Wald mit knapp 100 Arten vertreten, deren Vorkommen im nordwestdeutschen Raum nur von hier bekannt ist. Auffällig sind in alten und teilweise abgestorbenen Eichen die fingerdicken Fraßgänge der Larven des **Großen Eichenbocks** (*Cerambyx cerdo*). Wie auch vielen anderen Käferarten verschaffen ihm die Beschädigungen, die durch den Eisgang der hochwasserführenden Elbe an der Rinde der Eichen entstehen, die notwendigen Eintrittsstellen. Drei bis fünf Jahre bohren die Larven zunächst im lebenden Splintholz, danach im abgestorbenen Kern, um nach der Verpuppung an einem milden Abend im Juni oder Juli als fast fünf Zentimeter lange Käfer den Baum zu verlassen. Meist fliegen sie nicht weit, da die Weibchen offenbar nur eine geringe Ausbreitungstendenz haben und ihre Eier bevorzugt unweit des Geburtsortes an kränkelnden Eichen ablegen.

Unter den Schmetterlingen gehören der **Große Schillerfalter** (*Apatura iris*) und der **Große Eisvogel** (*Limenitis populi*) wohl zu den eindrucksvollsten Erscheinungen im Auwald. In den Vormittagsstunden sitzen diese prächtigen, jedoch leider seltenen Tagfalter auf unbefestigten, halbschattigen Waldwegen. Hier saugen sie an Wasserpfützen und an Tierkot.

Noch etwas häufiger ist der **Kleine Eisvogel** (*Limenitis camilla*) zu finden, der – obwohl deutlich größer – mit der Sommerform des **Landkärtchens** (*Araschnia levana*) verwechselt werden kann. Auch einige Zipfelfalterarten und als Nachtfalter das **Rote-** und **Blaue Or-**

densband (*Catocala nupta, C. fraxini*) sowie die Escheneule besiedeln diesen Lebensraum.

In der Aue bilden alte Ulmen an ihrem Stamm breite Brettwurzeln.

Dem Insektenreichtum entsprechend ist die Anzahl an Vogelarten groß. Untersuchungen zufolge brüten im Elbtal rund 20 Vogelpaare auf einem Hektar Auwald. Darunter sechs verschiedene Spechte – **Wendehals** (*Jynx torquilla*), **Kleinspecht** (*Dendrocopos minor*), **Mittelspecht** (*Dendrocopos medius*), **Buntspecht** (*Dendrocopos major*), **Grünspecht** (*Picus viridis*), **Schwarzspecht** (*Dryocopus martius*) – und mehr als 40 Singvogelarten. Im Mai wird jeden Deichwanderer das Schlagen und Schluchzen unzähliger **Nachtigallen** (*Luscinia megarhynchos*) erfreuen. Sporadisch sind auch **Sprosser** (*Luscinia luscinia*), **Zwergschnäpper** (*Ficedula parva*) und **Schlagschwirl** (*Locustella luscinioides*) zu hören – Vogelarten, die im Elbtal ihre westliche Verbreitungsgrenze erreichen.

Dem **Roten Milan**, **Wespenbussard** (*Pernis apivorus*) und **Habicht** (*Accipiter gentilis*), seltener auch dem **Schwarzen Milan** (*Milvus migrans*) und dem **Seeadler** (*Haliaeetus albicilla*) bieten die verbliebenen Auwaldreste ruhige Horstplätze, Ansitzwarten und Nahrungsräume. Auch der **Weißstorch** (*Ciconia ciconia*) nistet vereinzelt in Baumhorsten auf malerischen Eichen.

Auwälder sind wahre Kleinodien des Elbtals und werden vielfach Kernzonen im Biosphärenreservat sein. Um Störungen zu vermeiden, sollten sich wandernde Naturfreunde grundsätzlich nur auf den Wegen aufhalten. Wie positiv sich Ruheräume insbesondere auf Großvögel auswirken können, zeigen die Erfahrungen aus dem Elbholz bei Gartow. Über 20 Jahre lang bewachen engagierte Naturfreunde während der Brutperiode den zentralen Teil des Auwaldes. Seither stiegen die Bruterfolgszahlen von Kranichen und Greifvögeln kontinuierlich an und sprechen so für sich.

Bezogen auf die Gesamtfläche des Biosphärenreservates ist die Situation der verbliebenen Auwälder mehr als bedrohlich. Zwar haben sich in Elbufernähe aufgrund von Nutzungsaufgaben wieder mehr Weichholzauen entwickelt, die Hartholzauwälder sind jedoch bis in jüngster Zeit immer stärker in ihrer Flächenausdehnung zurückgegangen. Vielfach existieren nur noch Einzelbäume, Baumgruppen und seltener wenige Hektar große Bestände. Von Besuchern und Einheimischen wird zwar das parkähnliche Bild einzelner Bäume inmitten einer offenen und landwirtschaftlich genutzten Aue als besonders "malerisch" empfunden. Doch es ist ein Eindruck auf Zeit. Durch Überalterung, überstarke Beweidung und winterlicher Eisgang in der ausgeräumten Aue drohen nun auch die letzten Reste gänzlich zu verschwinden. Wir stehen kurz von dem Ende eines Prozesses, der sich historisch schon seit langem durch das Studium älterer Kartenwerke verfolgen und belegen lässt.

Erfreulich ist daher, dass an etlichen Stellen im Elbtal dieser Entwicklung entgegengetreten wird. Da werden Einzelbäume und Gehölzgruppen im Elbvorland durch Zäune vor dem Weidevieh geschützt, im Zuge von Ausgleichs- und Ersatzmaßnahmen neue Bäume gepflanzt oder die Ufer der Elbe abgezäunt, um Schwarzpappeln und Weiden das Keimen zu ermöglichen. Das größte Vorhaben jedoch wird zur Zeit in der brandenburgischen Elbaue unweit der Stadt Lenzen umgesetzt. Im Zuge einer geplanten Rückverlegung des Elbdeiches wurden bisher auf einer Fläche von 70 ha neuer Auwald gepflanzt. Natürlich war es ein Ziel, möglichst ausschließlich einheimisches, vor Ort herangezogenen Pflanzmaterial zu verwenden. Daher gründete ein Betrieb in Lenzen eigens eine 16 ha große Baumschule, in der nun die Auengehölze herangezogen werden.

Sobald die neue Deichlinie entstanden ist, werden die jungen Bäume stark genug sein, um kommenden Überflutungen stand zu halten. Erstmals werden dann im Elbtal wieder auf einer Fläche von mehreren 100 ha neue Überflutungsflächen und neue Auwälder entstehen.

Zur Aufnahme mineralischer Salze sucht der sonst in der Wipfelregion lebende Große Eisvogel den Waldboden auf.

Bracks, Qualm-wasser und Flutrinnen

Blickt der Besucher im Spätherbst oder Frühjahr auf das breite Urstromtal der Elbe und sieht die Scharen rastender Schwäne auf den überfluteten Wiesen oder hört die Rufe vorbeiziehender Gänse und Kraniche, ahnt er, welch bedeutende Funktion dieses Flusssystem für das internationale Zuggeschehen und den Verbund von Lebensgemeinschaften erfüllt. Zwar ist die Weiträumigkeit der ursprünglichen Auenlandschaft durch den schon vor Jahrhunderten begonnenen Deichbau verlorengegangen, doch haben sich bis heute weite Deichvorländereien erhalten, die noch in vollem Umfang dem natürlichem Hochwasserrhythmus der Elbe unterworfen sind. Neben einem meist stark auflaufenden Winterhochwasser, bei dem es oft zu einem völligen "Landunter" kommen kann, treten regelmäßig die Sommerhochwasser auf, die durch starke Regenfälle im Quellgebiet verursacht werden. Diesen Wasserstandsschwankungen, die dem Landschaftsbild im Jahresverlauf ein ständig wechselndes Landschaftsbild geben, müssen sich Tier- und Pflanzenarten in besonderer Weise anpassen.

Auch **"Bracks"** und **"Haken"**, wie die Marschbewohner die vom Strom geschaffenen kleinen Seitengewässer nennen, unterscheiden sich deutlich von denen, die außerhalb des Überschwemmungsraumes liegen: Statt breiter Röhrichte aus **Schilf** oder **Rohrkolben** säumen niedrigwüchsige **Flutrasen** und **Pionierpflanzen** die schlickreichen Uferränder. **Bekassinen**, **Wasserläufer**, **Reiher**, **Weiß-** und **Schwarzstörche** finden hier günstige Nahrungs- und Rastmöglichkeiten.

Es ist dem sandigen Untergrund des mittleren Elbtals zu verdanken, dass die Auswirkungen der Überschwemmungen nicht an den Deichen haltmachen, sondern sich noch weit in das stärker landwirtschaftlich genutzte "Binnenland" fortsetzen. Eine besondere Rolle kommt dabei dem reich verzweigten Netz von Flutrinnen und Senken zu, das weite Teile der abgedeichten Niederung durchzieht und bei hohen Wasserständen der Elbe nach einer zeitlichen Verzögerung ebenfalls überflutet wird.

Links: Weidende Rinder in der Qualmwasserzone an der Binnenseite des Deiches.

Oben: Gelbe Schwertlilie.

Unten: Die versteckt in dichten Altschilfbeständen lebende Wasserralle ist am Tage nur selten zu beobachten.

Während über den ungenutzten **Binsen-** und **Seggenriedern** im Frühjahr **Bekassinen** meckern und im Flachwasser **Knoblauchkröten** (*Pelobates fuscus*) und **Moorfrösche** (*Rana arvalis*) laichen, brüten auf angrenzenden feuchten Wirtschaftswiesen **Großer Brachvogel** (*Numenius arquata*), **Rotschenkel** (*Tringa erythropus*) und **Kiebitze** (*Vanellus vanellus*).

Als Besonderheit des Raumes muß jedoch ein Gewässertyp angesehen werden, dessen Existenz ebenfalls auf die sandig-kiesigen Sedimente des Elburstromtales zurückzuführen ist. Dort, wo Sande hoch anstehen, drückt das Hochwasser auch unter den Deichen hindurch und tritt an der Binnenseite gefiltert und nährstoffarm als sogenanntes Qualmoder Drängewasser zutage.

Die Endschleifen ehemaliger Elbbögen bilden in der abgedeichten Marsch ganzjährig wasserführende Altarme, die als Stillgewässer häufig von breiten Schilfröhrichten umgeben sind und einer Fülle von Tier- und Pflanzenarten Lebensraum bieten. Alle sieben in Mitteleuropa heimischen Rohrsänger und Schwirle brüten hier, ebenso **Rohrdommel** (*Botaurus stellaris*), **Graugans** (*Anser anser*), **Trauerseeschwalbe** (*Chlidonias niger*), **Rohrweihe** (*Circus aeruginosus*) und **Wiesenweihe** (*Circus cyaneus*) – um nur einige markante Vogelarten anzuführen.

In Senken, aber auch auf deichnahen Wiesen und Ackerflächen entstehen dadurch kurzlebige Flachwasserzonen, sogenannte Temporärgewässer. Sie bieten Lebensraum für eine einzigartige Fauna, deren Vertreter außerhalb der Elbtalaue kaum noch vorkommen. So entdeckt man im zeitigen Frühjahr bei genauem Hinsehen kleine, ca. 2 cm große Tiere, deren Gestalt an Mini-Garnelen erinnert und die dicht unter der Oberfläche langsam durch das Wasser schweben. Es sind **Süßwasserkrebse**

der Art *Siphonophanes grubei*. Auf dem Rücken schwimmend strudeln sie sich mit ihren kleinen Kiemenblattfüßchen Wasser zu, um Kleinstorganismen als Nahrung abzufiltern und sich gleichzeitig dabei fortzubewegen.

Auf dem Bodengrund ist regelmäßig eine weitere Krebsart anzutreffen. Diese Tiere mit der wissenschaftlichen Bezeichnung *Lepidurus apus* und dem deutschen Namen **Schuppenschwanz** sind etwas größer, tragen einen dunkelbraunen Rückenschild, an dessen Ende ein kleiner Gabelschwanz herausschaut. Sie leben räuberisch und wählen sich als Opfer besonders die frei im Wasser schwimmenden Krebse aus.

Bekannter und zumindest akustisch auffälliger dürften die Amphibien dieses Lebensraumes sein. Bereits im März, wenn Sonnenstrahlen die Flachwasserzonen schon etwas erwärmt haben, sind die blubbernden Rufe der **Moorfrösche** (*Rana arvalis*) zu hören. Erstaunen löst der Anblick der Männchen aus, die dicht nebeneinander sitzend ihre Köpfe aus dem Pflanzengewirr herausstrecken – himmelblau ist ihr Körper gefärbt. Dieses "Hochzeitskleid" wird aber nur während der Laichzeit angelegt und wechselt anschließend wieder rasch in eine dunkelbraune Tarnfarbe über.

Später im Jahr kann der Deichwanderer an sonnigen, windstillen Tagen weittragende, angenehm klingende "uh-uh" – Laute vernehmen. Die Rufer sind nur schwer zu entdecken. Wer aber Glück hat, sieht ein Männchen der **Rotbauchunke** (*Bombina bombina*) flach, mit gespreizten Beinen im Wasser liegen. In regelmäßigen Abständen pumpt das Tier sich ballonartig auf, stößt den langgezogenen Laut aus und sinkt dabei wieder in sich zusammen.

Eine Anzahl hochgradig gefährdeter Schmetterlinge aus der Gruppe der **Nachtfalter** ist an die verschiedenen

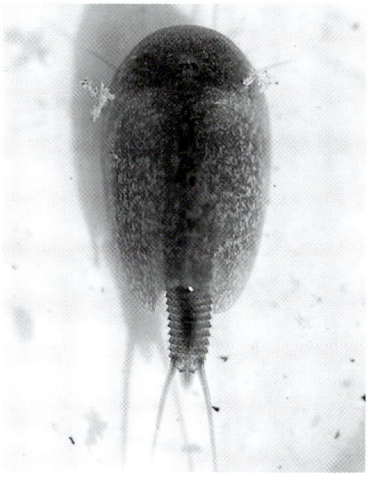

Pflanzengesellschaften der Stillgewässer gebunden. Vom Aussterben bedroht ist das **Gelbbein** (*Laelia coenosa*) aus der Familie der **Trägspinner** (*Lymantriidae*). Die hübsche Raupe – sie ist mit Haarpinseln und Rückenbürsten ausgestattet – lebt in der Seegeniederung u.a. an Seggen und Wasserschwaden. Der **Rohrbohrer** (*Phragmataecia castanea*) aus der Familie der **Wurzelbohrer** (*Hepialidae*) lebt als Raupe in der Halmbasis von Schilfrohr und Wasserschwaden im Stromtal. Auch er ist vom Aussterben bedroht. Besiedelt werden lokal ausgedehnte Röhrichte binnen- und außendeichs. Stark gefährdet sind die Populationen der **Röhrichteulen** (*Phragmatiphila nexa* und *Sedina büttneri*) aus der Familie der *Noctuidae*. Sie entwickeln sich in Großseggenrieden. Dagegen leben die Raupen der *Archanara algae* in den Stengeln von **Rohrkolben**, **Igelkolben** und **Teichsimse** an der Wasserlinie von Stillgewässern.

Oben: Die Graugans ist wieder weit verbreitet. Unten: Der in überschwemmten Senken zu findende, gut 3 cm große Schuppenschwanz ist ein urtümlicher Süßwasserkrebs.

Trockenlebensräume – Sanddünen in der Flussaue

Die Elbtalniederung zeichnet sich durch ihre kontrastreichen Lebensräume aus: Trockenrasen, Feuchtwiesen, Qualmwasser und Brackwasser gehen fast fließend ineinander über.

Der Sand läßt nicht nur das Wasser unter den Deichen hindurchsickern, sondern wurde vom Wind zu Rücken- und Flugsanddünen beträchtlicher Höhe aufgeweht. Solche Lebensräume und **Sandtrockenrasen** bestimmen weite Teile der Elbtalniederung. Sie bieten vor allem jenen Arten Lebensraum, die ihre Lebensweise auf die Besonderheiten der offenen Sandflächen und Dünen angepaßt haben. An Pflanzen wachsen hier die **Sandsegge** (*Carex arenaria*) mit ihren langen Ausläufern, das **Silbergras** (*Corynephorus canescens*), **Bauernsenf** (*Teesdalia nudicaulis*) und **Spark** (*Spergula morisonii*) innerhalb der **Frühlingsspark-Silbergrasflur** (*Spergulo-Corynephoretum canescentis*). Selten geworden ist die **Wiesen-Küchenschelle** (*Pulsatilla pratensis*), deren Samen sich mit Hilfe eines speziellen Dehnungsmechanismus in den windbewegten Sand zu bohren vermögen. Windstillere Zonen sind von **Flechtentrockenrasen** überzogen.

Die Charakterform unter den Tieren dieses extremen Lebensraumes ist der **Dünenameisenlöwe** (*Myrmeleon bore*). Er ist einer von drei im Elbtal heimischen Netzflüglern und in Mitteleuropa sehr selten zu finden. Der Dünenameisenlöwe ist eine Larvenform, die im Gegensatz zu dem häufigeren **Ameisenlöwen** (*Myrmeleon formicarius*) seine Fangtrichter nicht unter Böschungen, sondern auf der offenen Sandfläche errichtet. Er kann sich im Sand sekundenschnell eingraben und unter der Oberfläche fortbewegen. Da er sich vollständig eingräbt, erkennt man seine Existenz nur am Vorhandensein der Fangtrichter, deren Durchmesser und Tiefe von der Körpergröße ihres Baumeisters abhängen. Als Beute dient Kleingetier, das in die Grube fällt bzw. vom Ameisenlöwen mit Sandwürfen bombardiert, von zwei

Links: Die bekannte Wanderdüne im Naturschutzgebiet "Klein Schmölen", unweit von Dömitz.
Aus dem Lebenszyklus eines Spezialisten: Der Ameisenlöwe mit seinem Fangtrichter (Mitte und unten) und die sich hieraus entwickelnde Ameisenjungfer (oben).

43

Zangen ergriffen und ausgesaugt wird. Die Larvalzeit dauert zwei bis drei Jahre. Nach der Metamorphose in einem selbstgesponnenen Sandkokon entsteht aus der Larve die libellengroße Ameisenjungfer. Sie ist flugfähig und legt ihre Eier bei Nacht in den Sand.

Die Hilflosigkeit vieler Kleintiere auf losem Sand nutzt auch der **Dünensandläufer** (*Cincindela hybrida*) aus. Seine Fußglieder sind mit breiten Borstensäumen besetzt. Wie auf Schneeschuhen läuft er schnell über den Sand, meist auf der Jagd. Seine Beute zerreißt er mit gewaltigen Kieferzangen. Die gleichfalls räuberische Larve hat die Fähigkeit, mit Kopf und Brust die von ihr bewohnte bis zu 50 cm tiefe Röhre im Boden wie mit einem Deckel zu verschließen. Blitzschnell stößt sie den Kopf mit den Kiefern aus ihrer Höhle hervor, um ein Tier zu erbeuten. Ihr einziger Feind ist ein flügelloser Hautflügler von sechs Millimetern Körpergröße, die **Spinnenameise** (*Methoca ichneumonides*). Sie ist in der Lage, die Larve mit einem Stich in die weichhäutige Kehle blitzschnell zu lähmen, nachdem sie die Beute mit den

Kiefern ergriffen hat. Anschließend legt sie ein Ei am Hinterhüftgelenk ihres gelähmten Opfers ab, das dann von der sich entwickelnden Larve allmählich verzehrt wird.

Sandige Lebensräume sind auch Voraussetzung für das Vorkommen einiger Wirbeltierarten im Elbtal. Die **Kreuzkröte** (*Bufo calamita*) beispielsweise überdauert Licht und Hitze des Tages eingegraben im Sand und wird erst abends aktiv. Sind offene Uferbereiche in der Nähe, brütet der **Flussregenpfeifer** (*Charadrius dubius*) auf den nackten, baumlosen Sandflächen. Mit abnehmender Geländehöhe beginnt sich die Vegetationsdecke auf dem Sand zu schließen. Es entwickeln sich **kräuterreiche Sandtrockenrasen** wie der **Frühseggen-Grasnelken-Rasen** (*Carici-Armerietum elongatae*). Diese Pflanzengesellschaft wird im Elbtal länger als anderswo bestehen bleiben, weil dort der charakteristische spätsommerliche Niedrigwasserstand und die Nährstoffarmut des Sandes die Entwicklung von Bäumen erschwert. Trockenrasen entwickeln sich jedoch nur dort, wo gelegentliche Überschwemmungen für ein Mindestmaß an Düngung sorgen.

Der enorme Reichtum an krautigen Pflanzen macht die Sandtrockenrasen biologisch wertvoll und farbenprächtig. Auffällige Pflanzen sind wärmeliebende Arten wie der **Weinlauch** (*Allium vineale*), der zusammen mit dem **Spitzblättrigen Ehrenpreis** (*Veronica spicata*) blaue Tupfer in das Gelb der Trockenrasen setzt, das von **Fetthennen-Arten** (*Sedum acre, S. mite, S. reflexum*) und vor allem vom **Wahren Labkraut** (*Galium verum*) dominiert wird. Die kräftige **Karthäusernelke** (*Dianthus carthusianorum*) und die **Heidenelke** (*Dianthus deltoides*) fügen sattes Rot hinzu. Von zurückhaltender Schönheit ist die **Steppenhexe**, auch **Feldmannstreu** (*Eryngium campestre*) genannt, die erst im Spätsommer unscheinbare Blüten zwischen ihren Stacheln entwickelt. Vereinzelt stehen Sträucher der **Hundsrose** (*Rosa canina*), die zur Blütezeit intensiv duften.

Die Trockenrasen sind Lebensraum der artenreichsten Tierwelt im Elbtal. Es sind vor allem Wirbellose aus den Grup-

Wolfsmilchschwärmer (im Bild links die kontrastreich gefärbte Raupe) und Schwefelvögelchen (Heodes tityrus – oben) besiedeln Trockenlebensräume.

pen der **Schmetterlinge**, **Hautflügler**, **Fliegen**, **Wanzen**, **Heuschrecken** und **Spinnen**, die hier vorkommen. Prächtige Falter finden in den Trockenrasen als ausgewachsene Tiere oder auch als Larven Nahrung.

Auffällige Arten sind **Schwalbenschwanz** (*Papilio machaon*), **Kleiner Perlmutterfalter** (*Issoria lathonia*), **Schachbrett** (*Melanargia galathea*), **Rostbinde** (*Hipparchia semele*), **Brauner Feuerfalter** (*Heodes tityrus*), **Sonnenröschenbläuling** (*Aricia agestis*), **Wegerich-Scheckenfalter** (*Melitaea cinxia*), **Kommafalter** (*Hesperia comma*), **Blutströpfchen** (*Zygaena filipendulae*) und **Weißfleck-Widderchen** (*Syntomis phegea*). An den milchsafthaltigen Blättern der Wolfsmilch fres-

sen die bunten, fingerlangen Raupen des **Wolfsmilchschwärmers** (*Hyles euphorbiae*), am **Echten Labkraut** die des **Kleinen Weinschwärmers** (*Deilephila porcellus*) und des **Labkrautschwärmers** (*Hyles galii*). Andere Arten sind weniger auffällig, so die endophag in den unterirdischen Teilen der Grasnelke lebende Raupe des **Grasnel-**

Links: Sandlaufkäfer und seine Larve. Die Larve des Sandlaufkäfers mit ihren sechs Einzelaugen lauert in einer selbstgegrabenen Röhre, um von dort aus blitzschnell Beutetiere zu ergreifen. Links unten das erwachsene Tier, das mit seinem großen sichelförmigen Oberkiefer eine Ameise ergriffen hat.

Oben: Wegwespe trägt eine erbeutete und gelähmte Spinne zum Nest.

Mitte: Hosenbiene mit Pollen am Nesteingang.

Unten: Frühlings-Spark.

kenglasflüglers (*Synansphecia muscaeformis*).

Fallen die Schmetterlinge durch ihre Schönheit auf, fasziniert bei den Hautflüglern ihre Lebensweise. Die **Hosenbiene** (*Dasypoda hirtipes*) ist nicht staatenbildend, sondern lebt solitär und baut zur Fortpflanzungszeit, im Juli und August, einen Gang ins sandige Erdreich, von dem acht und 23 Seitengänge abzweigen können. Sie alle münden in eine Brutkammer, die mit Nektar und Pollen für die sich aus dem abgelegten Ei entwickelnde Larve versehen wird. Alle Kammern und der Hauptgang werden zum Schluß verschlossen.

Die **Seidenbiene** (*Colletes fodiens*) hat eine ähnliche Lebensweise. Sie gräbt mit dem Oberkiefer einen Nestgang und ist, wie auch die Hosenbiene, auf bestimmte Korbblütler, vor allem **Rainfarn** als Nektar- und Pollenquelle, spezialisiert. Die Seidenbiene verdankt ihren Namen der Tatsache, daß sie ihre Brutzellen mit einer durchscheinenden, wasserdichten, seidigen Membran auskleidet, deren Grundstoff von einer Drüse im Hinterleib gebildet wird.

Das beim "Biss" in die Haut abgegebene Sekret des Warzenbeißers, der zu den größten Heuschreckenarten an der Elbe zählt, soll beim Menschen Warzen zum Verschwinden bringen.

Obwohl sie als geschlechtsreife Tiere nur Pollen und Nektar fressen, sind die **Grab-** oder **Sandwespen** räuberische Insekten. Sie töten für ihre Larven. Am bekanntesten sind die Vertreter der Gattungen *Psammophila* und *Ammophila*. Sie sind schwarz und dunkelrot geringelt und besitzen einen lang gestielten Hinterleib. Diese Arten tragen durch einen Stich gelähmte Raupen, die größer als sie selbst sein können, in das zuvor gegrabene Nest. Hier ernähren sich die heranwachsenden Larven von dem wehrlosen Opfer. Eine ähnliche Lebensweise haben die **Kotwespe** (*Mellinus arvensis*), die ausschließlich Fliegen lähmt und einträgt, und der **Bienenwolf** (*Philanthus triangularum*), der Honigbienen erbeutet.

Zur Gruppe der Wegwespen gehört der **Spinnentöter** (*Anoplius viaticus*).

Seine Beute sind **Wolfspinnen**. Man beobachtet das Tier meist bei seinem nervösen Suchen am Boden.

Als Zweiflügler sind auf den Trockenrasen besonders die **Schwebfliegen** (*Syrphidae*) auffällig. Ihren Namen verdanken sie dem für sie charakteristischen Schwebflug. Die geschlechtsreifen Tiere greifen zu einer raffinierten Selbstschutzmaßnahme, Mimikry genannt: durch die schwarzgelbe Färbung des Hinterleibes und drohendes Flügelsummen imitieren sie die wehrhaften Wespen und sind dabei doch völlig harmlos.

Trockenlebensräume sind ein El Dorado für Wanzen. Vor allem **Weich-** (*Miridae*) und **Baumwanzen** (*Pentatomidae*) sind dort häufig zu finden. Die **Königskerze** (*Verbascum officinale*) ist eine Pflanze, an der etwa ein Zentimeter große Baumwanzen wie die **Beerenwanze** (*Dolycoris baccarum*) oder *Carpocoris fuscispinus* mit Vorliebe saugen. Die **Streifenwanze** (*Graphosoma lineatum*), ein prächtig schwarz-rot gestreiftes Tier, sticht die Früchte von Doldenblütlern an. In den Gräsern findet sich das farblich unscheinbare, aber auffällig langgestreckte **Grasgespenst** (*Chorosoma schillingi*). Es gehört zu den **Glasflügelwanzen**.

Hauptakteure beim Sommerkonzert auf den Trockenrasen sind die Heuschrecken. Die größte unter ihnen ist der **Warzenbeißer** (*Decticus verrucivorus*), der grün oder bräunlich gefärbt sein kann. Das Weibchen trägt einen Legesäbel, mit dem es seine Eier etwa einen Zentimeter tief in den Boden legt. Die Männchen erklettern Grashalme, um dort mit den Vorderflügeln erzeugte Laute ertönen zu lassen: ihr immer schneller werdendes "Zick ... zick ... zick", das sich in der Abfolge beschleunigt und an das Geräusch einer Nähmaschine erinnert.

Die reichlich in den Trockenrasen vorkommenden kleineren Heuschrecken der Gattung *Chorthippus* sind die Beute einer interessanten **Radnetzspinne**, der **Wespen-** oder **Tigerspinne** (*Argiope bruennichii*). Sie ist auffällig schwarz-gelb geringelt und spannt ihr Netz quer durch einen aus Grashalmen gebildeten Dom, den ihre Beutetiere ahnungslos durchspringen. Die Wespenspinne ist einjährig und überwintert als Ei in einem vom Muttertier gesponnenen Kokon. Die nördliche Verbreitungsgrenze des wärmeliebenden Insekts verschiebt sich alljährlich in Abhängigkeit von klimatischen Gegebenheiten. So kommt es, daß ihre Verbreitung auch im Elbtal wechselt.

Während die Färbung der Wespenspinne eine abschreckende Wirkung haben dürfte, dient sie bei den gleichfalls bunten **Krabbenspinnen** (*Thomisidae*) der Tarnung. Diese nämlich bauen keine Fangnetze, sondern lauern ihrer Beute auf, indem sie sich unter und in bunten Blüten verstecken.

Dünen und Trockenrasen sind vor allem durch umfangreiche Aufforstungen zu gefährdeten Lebensräumen geworden. Sie sind trittempfindlich und sollten daher von Spaziergängern gemieden werden. Fast alle ihre charakteristischen Pflanzen- und Tierarten sind jedoch auch auf sandigen Wegen und an deren Rainen zu finden. Von hier aus bietet sich die Möglichkeit, die Lebewelt zu beobachten, ohne ihr zu schaden.

Die Marschen - tischeben und feucht

Dort, wo nicht Dünenketten oder Gee-strücken höheres Gelände anzeigen, dehnen sich beiderseits der Elbe weite, oft tischebene Marschlandschaften aus. Sie sind durchzogen von Flutrinnen, Mulden und Altwassern – alles Hinwei-se auf die formende Kraft der Elbe vor der Eindeichung und dem Ausbau des Stromes als Schiffahrtsstraße. Der aus schlickreichen und sandigen Ablage-rungen der Elbe bestehende Marschen-boden konnte früher wegen der häufigen Hochwässer nur als Grünland genutzt werden. Durch umfangreiche Entwäs-serungsmaßnahmen und Abdeichun-gen gelang es Wasserbauingenieuren vor allem während der vergangenen fünfzig Jahre, immer neue Flächen dem Einfluss von Elbhochwässern zu entzie-hen und gleichzeitig für eine intensivier-te Bewirtschaftung das Oberflächen-wasser schnell abzuführen. Um die Len-zer Wische zu entwässern, verlegten Techniker die Löcknitzmündung um 20 Kilometer stromabwärts. In der Folge brachen die Landwirte trockengelegtes Grünland in Acker um, was für alle hier siedelnden flusstaltypischen Tiere und Pflanzen den Verlust ihres Lebensrau-mes bedeutete.

Intensive Nutzung des verbliebenen Grünlandes trieb die ökologische Verarmung weiter voran. Massive Düngung, starker Gülleauftrag, hoher Viehauftrieb, frühe Mahd, Aussaat schnellwüchsiger Grassorten und eine Zusammenlegung ehemals klein gekoppelter Grundstücke zu maschinengerecht einplanierten Großraumflächen verdrängte alle an die bisherige extensive Bewirtschaftung angepaßten Lebensformen. Ehemals weit verbreitete Wiesenvögel wie **Kiebitz** (*Vanellus vanellus*), **Großer Brachvogel** (*Numenius arquata*), **Bekassine** (*Gallinago gallinago*), **Uferschnepfe** (*Limosa limosa*), **Rotschenkel** (*Tringa totanus*), **Kampfläufer** (*Philomachus pugnax*) und das **Braunkehlchen** (*Saxicola rubetra*) mußten sich auf weniger intensiv bewirtschaftete Wiesen und Weiden zurückziehen, die zur Brutzeit noch ausreichend nasse Mulden und Senken aufweisen. Solche naturnah verbliebenen

In den weiten Marschwiesen (links) leben Wachtelkönig (oben) und Großer Brachvogel (Mitte). In feuchten Jahren färben sie blühende Kuckuckslichtnelken purpur.

Plätze sind leicht am reichen Vorkommen von **Kuckuckslichtnelke** (*Lychnis flós-cucúli L.*), **Sumpfdotterblume** (*Caltha palustris*) und **Wiesenschaumkraut** (*Cardamine pratensis*) zu erkennen.Wenn Ende April oder Anfang Mai die Wiesenschaumkrautblüte einsetzt, beginnt die Flugzeit des **Aurorafalters** (*Antocharis cardamines*). Dieser geschlechtsdimorphe Tagfalter, bei dem nur die Männchen die namengebenden orangefarbenen "Sonnenflecken" auf den Vorderflügeln tragen, ist im Frühling die Charakterart der Elbmarsch. Die schlicht weiß gefärbten Weibchen sind von den gleichzeitig fliegenden **Rapsweißlingen** (*Pieris napi*) kaum zu unterscheiden. Später im Jahr erscheinen auf den Grünländereien das **Kleine Wiesenvögelchen** (*Coenonympha pamphilus*), der **Kleine Feuerfalter** (*Lycaena phlaeas*), der **Hauhechelbläuling** (*Polyommatus icarus*), der **Mauerfuchs** (*Lasiommata megera*) und das **Ochsenauge** (*Maniola jurtina*).

Auch viele weitere Tierarten der Marschen halten sich gern in extensiv genutzten Bereichen auf: **Reh**, **Fuchs**, **Hase**, **Hermelin** und **Mauswiesel** finden dort am ehesten Einstand und Unterschlupf. Brutvögel wie **Schafstelze** (*Motacilla flava*), **Wiesenpieper** (*Anthus pratensis*) und **Feldlerche** (*Alauda arvensis*) erreichen gerade dort höchste Siedlungsdichten, wo spät gemäht oder extensiv beweidet wird. Nur wenige Tiere, zum Beispiel die **Feldmaus** (*Microtus arvalis*) sind in der Lage, auch im Intensivgrünland zu überleben und sich erfolgreich fortzupflanzen.

Obwohl das Eindringen vertikaler Strukturen, wie Feldgehölze, in die offene Marsch die meisten Wiesenvögel auf Distanz hält, werden die knapp zwei Meter hohen, festen Koppelzäune von den freie Sicht liebenden Vögeln nicht nur toleriert, sondern sogar als Sitzwarten gerne genutzt. Ebensowenig beein-

trächtigen regelmäßig geschneitelte Kopfweidenalleen die Ansiedlung von Wiesenvögeln. Wie die Koppelzäune sind sie als ökologische Bereicherung der Marschen zu verstehen, und wie diese bieten sie vielen spezialisierten Insekten Lebensraum. Außerdem werden Kopfweiden von der **Stockente**, dem seltenen **Steinkauz** (*Athene noctua*), der **Beutelmeise** (*Remiz pendulinus*) und anderen Vogelarten als willkommener Nistplatz angenommen.

Erst wenn Hecken und Feldgehölze das Grünland sehr eng umstellen, nehmen die Wiesenvögel zugunsten anderer Arten ab. Die botanisch als Reste standortgerechter Waldgemeinschaften anzusehenden artenreichen Gebüschgruppen aus **Schlehe**, **Hundsrose**, **Weißdorn** und **Pfaffenhütchen** mit Überhältern von **Stieleiche** bieten über tausend großen und kleinen Tieren Lebensraum.

Neben dem **Igel** und anderen Kleinsäugern sind es vor allem die zahlreichen Vogelarten, die dem Wanderer auffallen. Zu den Brutvögeln dieser Hecken zählen **Neuntöter**, **Gelbspötter**, **Dorngrasmücke**, **Klappergrasmücke**, **Gartengrasmücke**, **Sperbergrasmücke**, **Nachtigall** und **Goldammer**. In besonders reich strukturierter Feldmark kann auch der **Raubwürger** (*Lanius excubitor*) auftreten. Kleine Gehölze fördern die Ansiedlung von **Elster**, **Rabenkrähe** (*Corvus corone corone*) und **Nebelkrähe** (*Corvus corone cornix*), in deren verlassenen Nestern gern **Turmfalke** und **Waldohreule** (*Asio otus*) ihren Nachwuchs aufziehen. Auch die **Schleiereule** (*Tyto alba*) jagt in der Marsch, nistet aber außer in hohlen Bäumen auch in Feldscheunen oder Kirchtürmen.

Offene weite und baumlose Grünländereien, wie wir sie z.B. in der Lenzer Wische, der Dannenberger Marsch oder in der Sude-Schale-Niederung antreffen, erfüllen im Winterhalbjahr eine wichtige Funktion als Rast- und Nahrungsraum für gefiederte Gäste aus dem Norden Europas und Asiens. So halten sich je nach Witterung alljährlich zwischen Oktober und Anfang März Scharen von **Saatgänsen** (*Anser fabilis*), **Blässgänsen** (*Anser albifrons*), **Singschwänen** und **Zwergschwänen** in störungsarmen Elbmarschen auf. Hinzu kommen besonders in mäusereichen Jahren etliche heimische wie bei uns überwinternde nordische Greifvögel und Eulen, die oft wochenlang günstige Nahrungsangebote nutzen. Hierzu zählen **Mäusebussard**, **Rauhfußbussard** (*Buteo lagopus*), **Kornweihe** (*Circus cyaneus*) und **Turmfalke** sowie die **Sumpfohreule** (*Asio flammeus*). Auf die rastenden Schwärme von **Kiebitz**, **Goldregenpfeifer** (*Pluvialis apricaria*) und **Star** können **Habicht** (*Accipiter gentilis*), **Sperber** (*Accipiter nisus*) und seltener auch einmal **Merlin** (*Falco columbarius*) oder **Wanderfalke** (*Falco peregrinus*) Jagd machen. Mit etwas Glück entdecken aufmerksame Vogel-

kundler fast in jedem Winter kleine Gesellschaften oder auch Einzelvögel von **Berghänfling** (*Acanthis flavirostris*), **Ohrenlerche** (*Eremophila alpestris*) oder **Schneeammer** (*Plectrophenax nivalis*). Diese nordischen Wintergäste aus Lappland halten sich gewöhnlich nur an den Küsten von Nord- und Ostsee auf, verirren sich aber immer wieder auch in die weiten Marschen des Elbtales.

Beutegreifer wie Fuchs und Habicht profitieren vom Tod einzelner aus der großen Anzahl überwinternder Wasservögel.

Alte Deiche – Ausbreitungspfade für Pflanzen und Tiere

Untrennbar verbunden mit der Talaue der Elbe und ihrer Nebenflüsse erscheinen dem Wanderer die Deiche, deren Bau bereits im 12. Jahrhundert begann. Sie begleiten den Fluss in all seinen Windungen. Ursprünglich einmal beugte sich der Mensch der Kraft des Stromes und baute nach Deichbrüchen um die durch Ausspülung entstandenen Bracks herum, legte Biegungen um natürliche Senken und Flutmulden, nutzte

Geländehöhen als Naturdeiche und ließ der Elbe kilometerbreite Vorländereien. Bis in die 50er Jahre begrenzten die technischen Möglichkeiten das Wirken des Menschen. Die alten Deiche sind harmonisch in die Landschaft eingefügt. Sie können aufgrund ihrer langen Geschichte als schutzwürdige Kulturdenkmäler verstanden werden – ein Gesichtspunkt, der bei den für den Deichbau zuständigen Behörden nicht immer auf Zustimmung stößt.

Alte Deiche sind bedeutsame Naturdenkmäler. Sie erscheinen dem Laien zunächst als gleichförmige Lebensräume, das Gegenteil aber ist der Fall. So ist die dem Fluss zugewandte Seite wegen des Einflusses der Hochwässer in der

54

Regel nährstoffreicher und auch feuchter als die flussabgewandte Seite. Überdies ist eine Feuchtezonierung vom Deichfuß zur Deichkrone zu beobachten. In ihrem wechselnden Verlauf sind die Deiche der Sonneneinstrahlung aus unterschiedlichen Richtungen ausgesetzt. Einmal bescheint die Sonne die flusszugewandte feuchte Seite, ein anderes Mal die ohnehin trockenere flussabgewandte Seite. Die Übergänge sind fließend. Die zwischen lehmig und sandig-lehmig wechselnde Bodenbeschaffenheit erhöht die ökologische Vielfalt.

Die alten Deiche werden je nach Standort von Wiesen- oder Trockenrasengesellschaften überzogen. Infolge der extensiven Pflege gedeihen dort etliche auf Nährstoffreichtum und Beweidung empfindlich reagierende, gefährdete Pflanzenarten. Auf den meist schattigen und flusszugewandten Böschun-

An alten Deichen (im Bild bei Lenzen) finden seltene Falter, wie die Goldene Acht (Colias hyale - oben) noch geeignete Futterpflanzen. Rechts: Ei des Falters an der Blattunterseite einer Kleepflanze.
Unten: Echtes Labkraut und Hauhechel.

gen wachsen **Sumpfschafgarbe** (*Achillea ptarmica*), **Mädesüß** (*Filipendula ulmaria*), **Bärenklau** (*Heracleum spondylium*), **Beinwell** (*Symphytum officinale*) oder **Wiesenknopf** (*Sanguisorba officinalis*). Die nährstoffärmere, flussabgewandte und sonnenexponierte Seite trägt dagegen **Körnersteinbrech** (*Saxifraga granulata*), **Sandgrasnelke** (*Armeria elongata*), **Feldmannstreu** (*Eryngnium campestre*), **Odermenning** (*Agrimonia eupatoria*), **Echtes Labkraut** (*Galium verum*), **Sandglöckchen** (*Jasione montana*), **Feldsalat** (*Valerianella officinale*), **Hungerblümchen** (*Erophila verna*) und viele Arten mehr.

Die tierökologische Bedeutung der alten Deiche steht in engem Zusammenhang mit dem Reichtum an blühenden Kräutern. Die Heuschrecken, von denen mindestens 18 Arten auf den Deichen nachzuweisen sind, spiegeln wie die Pflanzen die mikroklimatischen Gegebenheiten deutlich wider. So werden feuchtliebende Arten wie die **Schwertschrecke** (*Conocephalus dorsalis*), **Sumpfschrecke** (*Stethophyma grossum*) oder die **Dornschrecke** (*Tetrix subulata*) nur an feuchteren Böschungen beobachtet. Die trockeneren Böschungen werden vor allem von **Feldheuschrecken** der Gattungen *Chorthippus*, *Omocestus* und *Stenobothrus* besiedelt. Ganz besonders eigentümlich ist das Vorkommen der **Gestreiften Zartschrecke** (*Leptophyes albovittata*). Die Nordgrenze ihrer Verbreitung zieht sich durch Thüringen bis zum Maintal. Punktförmige Vorkommen gibt es jedoch auf den Deichen der Mittelelbe.

Die alten Deiche sind Lebensraum vieler Tagfalter, die hier sowohl als Schmetterling wie auch als Raupe Nahrung finden können. Bis zu 30 Arten wurden nachgewiesen, darunter seltene wie der **Schwalbenschwanz** (*Papilio machaon*), der seine Eier an **Wilder Möhre** (*Daucus carota*) und **Bibernelle**

(*Pimpinella saxifraga*) ablegt. Dort, wo der Deich an Gebüschen und Waldrändern vorbeiführt, kommen als häufige Arten **Ochsenauge** (*Maniola jurtina*) und **Schornsteinfeger** (*Aphantopus hyperanthus*) hinzu. Die **Goldene Acht** (*Colias hyale*) nutzt den Deich gern als Flugleitlinie. Im Herbst sind die fingerlangen, braunen Raupen des **Brombeerspinners** (*Macrothylacia rubi*) eine auffällige Erscheinung. Bei Berührung rollen sich die pelzig behaarten Raupen spiralförmig zusammen. Zu den weniger bedrohten Formen gehören **Heufalter** (*Coenonympha pamphilus*), **Kleiner Feuerfalter** (*Lycaena phlaeas*), **Schachbrett** (*Melanargia galathea*), **Aurorafalter** (*Anthocharis cardamine*) und **Landkärtchen** (*Araschnia levana*).

In hohem Maße nutzen vor allem Hautflügler wie **Bienen** und **Hummeln** den Blütenreichtum der Altdeiche. Besonders auffällig ist bei Deichen mit hohem Sandanteil das Vorkommen ausgedehnter Brutkolonien der **Sandbiene** (*Andraena vaga*). Männchen und Weibchen schwärmen im Frühjahr in großer Zahl dicht über den Brutplätzen und können dabei leicht zertreten werden. Die Sandbienen locken sich gegenseitig durch Duftstoffe an. Die Weibchen bauen in ca. 30 cm Tiefe Brutkammern. Als Larvennahrung dient Weidenpollen, den die Weibchen vor der Eiablage einbringen. In den Brutkolonien sind auch häufig **Kuckucksbienen** (*Nomada lathburiana*) – wegen ihrer schwarz-gelben Ringelung auch **Wespenbienen** genannt – zu beobachten. Sie sind Brutparasiten bei den Sandbienen und graben die Nestzugänge ihrer Wirte auf, um ihre eigenen Eier in den Nahrungsvorrat zu legen. Die sich entwickelnde Larve der Kuckucksbiene tötet Ei oder Larve des Wirtes ab. Kuckucksbienen können ihre Eier offenbar auch in Gegenwart der Sandbiene im Bau ablegen, da sie deren Duftstoffe imitieren und somit nicht als Parasit erkannt werden (Duftmimese).

Die alten Deiche des Elbtales stellen in der heute wirtschaftlich meist intensiv genutzten Landschaft Refugiallebensräume (Rückzugsbereiche) dar. Ihre ökologische Bedeutung ist jedoch wegen der linienartigen Struktur dieses Lebensraumes unproportional größer als ihr tatsächlicher Flächenanteil. Die Deiche durchziehen die gesamte Talaue flussbegleitend. Damit haben sie die Funktion einer Verbreitungsstraße für Tiere und Pflanzen und wirken der heute drohenden Verinselung naturnaher Lebensräume entgegen.

In der niedersächsischen Region wurden an der westlichen Elbseite die alten Deiche seit den 60er Jahren nach und nach verbreitert, erhöht und mit einem Begleitweg aus Beton versehen. Naturschutzaspekte blieben und bleiben bis heute bei der DIN-genormten Ausführung weitgehend außen vor. So werden Vorschläge, Deiche, dort wo es möglich wäre, landeinwärts zu verlegen, um zusätzliche Überschwemmungsflächen zu gewinnen, höchstens in der akademischen Diskussion verwendet. Auch in der Bauausführung gibt es kaum Veränderungen: eine homogene Kleiauflage, artenarme Grasansaaten und eine anschließende intensive Schafbeweidung.

Die Deiche sind zwar immer noch grün – von ehemals 120 Pflanzenarten der Altdeiche sind jedoch nur wenige übrig geblieben. Entsprechend verarmt ist die Fauna. Von 18 Heuschreckenarten sind sechs erhalten und von 26 Tagfaltern nur noch wenige "Allerweltsarten". Völlig ausgerottet sind die koloniebrütenden Sandbienen und ihre Brutparasiten, die Kuckucksbienen.

Seit 1990 werden nun auch auf der östlichen Elbseite in Mecklenburg-Vorpommern, Brandenburg und im mittleren Elbeverlauf in Sachsen-Anhalt die Deiche saniert. Vor allem in Brandenburg wurde hierbei wesentlich schonender mit dem Lebensraum Deich umgegangen. Der Kern des Altdeiches und die bisherige Vegetation zumindest auf einer Deichseite bleibt erhalten, zudem wird neben einer Kleiauflage auch der ehemalige Oberboden wiederverwendet. Dennoch setzt sich leider auch hier in Laufe der Jahre immer stärker die Angleichung an die DIN-Normen der alten Bundesländer durch. Insbesondere seit den Deichbrüchen beim Jahrhundert-Hochwasser an der Oder werden zunehmend Forderungen laut, alte Bäume an der Binnenseite der Deiche nicht mehr zu dulden. Manche von ihnen sind über 200 Jahre alt und prägen das Landschaftsbild bereits seit vielen Menschen-Generationen. Es bleibt zu hoffen, dass sich künftig wieder Augenmaß und Einzelfallentscheidungen durchsetzen.

Grundsätzlich ließen sich die neuen Deiche durch eine angepasste Nutzung überall an der Elbe wieder zu artenreicheren Lebensräumen entwickeln. Hierzu wäre die Rückkehr zur Mähnutzung, mit Mahdterminen, die auf die Ansprüche von Flora und Fauna eingeht, oder zur Schaftrift nötig. Ohne Zweifel gehört die Begegnung mit einem Schäfer, der mit seiner Herde und den Hunden auf der Deichkrone entlang wandert, für viele Besucher zu den schönsten Reiseerlebnissen. Naturschutz, Deichschutz und touristische Attraktion sind in dieser Form der Nutzung bestens vereint. Unterstützen kann dies übrigens jeder Besucher: Fragen sie in Regionalläden im Biosphärenreservat nach "Elbdeich-Lamm" – und kaufen sie.

Die alten Dörfer – Natur bis ans Haus

Die menschlichen Siedlungen im Elbtal liegen eingebettet in einer weitgehend naturnah verbliebenen Landschaft, die der Dynamik des großen Stromes mit seiner formenden Kraft und seinen jährlichen Hochwassern zu verdanken ist. Viele der hinterm Elbdeich geduckten Ortschaften werden durch kleine Tümpel oder Weiher belebt, in denen Flusstaltypische **Froschlurche**, **Süßwasserkrebse**, **Libellen** und andere **Wasserinsekten** siedeln. In Ortslagen eingebundene Bracks, Haken oder Altwasserarme bringen die Natur ganz nahe ans Haus: **Höckerschwan**, **Blessralle** oder **Teichralle** schreiten hier zur Brut. Für die Nähe intakter Natur sprechen aber vor allem die zahlreichen Horste des **Weißstorches**. In Rühstädt, Mödlich, Wahrenberg und vielen anderen Dörfern und Städten entlang der Elbe sind gleich mehrere Horste auf Haus- und Scheunendächern zu entdecken. Obwohl weiter landeinwärts schon weitgehend ausgestorben, hält sich der Weißstorch im Elbtal, weil er auf Wiesen und Weiden, in Sümpfen und Tümpeln der näheren Umgebung noch ausreichend Nahrung für sich und seine Jungen findet. Er ist jedoch bei weitem nicht die einzige

Tierart, die Bauwerke des Menschen als willkommenen Wohnort annimmt.

Gerade im ländlichen Bereich – insbesondere in etlichen Ortschaften der neuen Bundesländer – sind viele Gebäude noch nicht "fugendicht" versiegelt. So bieten sie einer ganzen Reihe großer und kleiner Tiere Unterschlupf. In unscheinbaren Mauerlöchern richten solitär lebende Hautflügler wie **Mauerbienen** (*Osmia rufa*) ihre Brutkammern ein. Größere Lücken in Hausfassaden nutzen **Bachstelze**, **Grauschnäpper** und **Hausrotschwanz** zur Anlage ihrer Nester. Dagegen werden Spalten oder Öffnungen unter Hausdächern außer vom **Haussperling** gern vom **Mauersegler** bezogen. In den Ortschaften auf niedersächsischer Elbseite brütet der Segler nur in wenigen Paaren, während

In den traditionellen und an die Natur angepaßten Bauten und Gärten findet sich eine Vielzahl von Tieren und Pflanzen ein (links und oben). Alte Gebäude wie der Stadtturm von Werben (rechts) bieten Überwinterungsquartiere für Fledermäuse, wie für das Braune Langohr (Mitte).

er mecklenburgischen Städten wie Dömitz oder Lenzen noch in großen Scharen lebt. Kirchtürme, Burgruinen, baufällige Scheunen und Kellergewölbe bieten meist geeignete Brutplätze für **Waldkauz** und **Schleiereule**. Auch der **Steinmarder** zieht dort mit Vorliebe ein. Vor allem finden aber die elf bisher im Elbtal nachgewiesenen Fledermausarten hier Unterschlupf. Zu den bekanntesten Gebäudebrütern zählen **Rauch-** und **Mehlschwalbe**. Beide Arten erreichen in Marschdörfern mit Viehzuchtbetrieben hohe Siedlungsdichten. Gärten, Parks und Friedhöfe geben zahlreichen weiteren Tierarten Lebensraum. Dabei gilt, je extensiver und naturnaher die Nutzung, desto artenreicher die Tier- und Pflanzenwelt. Wo nicht fortwährend geharkt, gemäht, gedüngt oder gespritzt wird, gedeiht noch manche Wildpflanze, die in der intensiv genutzten Feldmark keine Überlebenschance hat.

Ökologisch besonders wertvoll sind höhlenreiche, betagte Obstbäume. **Wiedehopf** (*Upupa epops*), **Steinkauz**, **Wendehals** (*Jynx torquilla*), **Trauerschnäpper**, **Gartenrotschwanz** und

Blick auf die westlich der Stadt Havelberg gelegene Altstadt von Werben .

Feldsperling gelten als charakteristische Brutvögel alter Obstgärten.

Vor allem in den alten Bauerngärten sind bei Sonnenschein an Sommerblumen und blühenden Stauden viele Schmetterlinge zu beobachten. Es sind überwiegend flugaktive, anpassungsfähige Arten, wie **Großer Kohlweißling** (*Pieris brassicae*), **Kleiner Kohlweißling** (*Pieris rapae*), **Kleiner Fuchs** (*Aglais urticae*) und **Tagpfauenauge** (*Inachis io*). Hinzu kommen in jahrweise wechselnder Häufigkeit die vom Süden einfliegenden Wanderfalter **Admiral** (*Vanessa atalanta*), **Distelfalter** (*Vanessa cardui*) und **Gammaeule** (*Autographa gamma*), die nektarsaugend mit vibrierenden Flügeln auf den Blüten sitzt.

Dort, wo Obstbäume und Beerensträucher nicht mit Pestiziden behandelt werden, können sich gelegentlich die Raupen des inzwischen selten gewordenen **Baumweißlings** (*Aporia crataegi*), des **Großen Fuchses** (*Nymphalis polychloros*), der **Pflaumenglucke** (*Odonestis pruni*) und des **Stachelbeer-**

spanners (*Abraxas grossulariata*) entwickeln.

Auch artenreiche Hecken aus heimischen Gehölzen, wie sie an Ortsrändern
zu finden sind, bergen Leben in Hülle
und Fülle: Neben dem **Igel** (*Erinaceus
europaeus*), etlichen Kleinsäugern und
zahlreichen Insekten stellen sich dort

*Rauch- und Mehlschwalben sind uns Men-
schen in die Dörfer und Städte gefolgt. Vor
dem Wegzug nach Afrika sammeln sie sich
gerne auf Stromleitungen.*

Singvögel wie **Gelbspötter**, **Klappergrasmücke**, **Mönchsgrasmücke**, **Nachtigall** und **Singdrossel** ein.

Tier- und Pflanzenwelt

Das Elbtal ist ein Refugium für Arten und Lebensgemeinschaften ursprünglicher mitteleuropäischer Flussauen. Mit ihm hat sich ein zusammenhängender und unzerschnittener Naturraum erhalten.

Im engen Mosaik sind schlickbedeckte Auen, ebene, mit Dünen überdeckte Talsandflächen und erdgeschichtlich ältere Diluvialinseln miteinander verzahnt.

Im Teilstück der unteren Mittelelbe ist besonders das Auftreten von Arten mit biogeographisch interessantem Verbreitungsbild bemerkenswert. So belegen viele Formen die Sonderstellung der Region als Schnittpunkt östlicher, südlicher und westlicher Verbreitungsareale. Hervorzuheben sind die Vertreter extremer Lebensräume, so beispielsweise die Blattfußkrebse der Qualmwasserzonen.

Pflanzen

Der Reichtum an Gefäßpflanzen mit ca. 1.050 Arten erklärt sich u.a. im Aufeinandertreffen unterschiedlicher pflanzengeographischer Floren-Gruppen:

So kommen neben den stark vordringenden kontinentalen Pflanzen mit Hauptverbreitung in Südost- und Osteuropa wie **Blaugrünes Schillergras** (*Koeleria glauca*), **Wiesen-Küchenschelle** (*Pulsatilla pratensis*), **Ohrlöffel-Leimkraut** (*Silene otites*), **Niederliegender Ehrenpreis** (*Veronica prostrata*) und **Ähriger Ehrenpreis** (*V. spicata*) auch submediterrane Formen wie die **Rauhe Nelke** (*Dianthus armeria*), **Zwerg-Schneckenklee** (*Medicago minima*) und **Aufrechter Ziest** (*Stachys recta*) vielfach in enger Gemeinschaft vor.

Unter den östlichen Stromtalpflanzen sind insbesondere die Vorkommen folgender Arten hervorzuheben, da sie bereits an der Oder nur spärlich verbreitet sind: **Sumpf-Brenndolde** (*Cnidium dubium*), **Gottesgnadenkraut** (*Gratiola officinalis*), **Katzenschwanz** (*Leonurus marrubiastrum*), **Lockerblütiges Vergissmeinnicht** (*Myosotis sparsiflora*), **Filzige Pestwurz** (*Petasites spurius*), **Spießblättriges Helmkraut** (*Scutellaria hastifolia*).

Atlantische Florenelemente wie Flutender **Sellerie** (*Apium inundatum*), **Quirlige Knorpelblume** (*Illecebrum verticilliatum*), **Königsfarn** (*Osmunda regalis*) treten dagegen im Gebiet zurück.

Die boreo-alpinen Reliktvorkommen von **Moor-Reitgras** (*Calamagrostis neglecta*), **Dolden Winterlieb** (*Chimaphila umbellata*) und **Grünblütigem Wintergrün** (*Pyrola chlorantha*) sind von besonderem geobotanischem Interesse.

Links: Singschwäne begrüßen einander am Winterrastplatz. Im Hintergrund die noch grauen Jungschwäne.

Tiere

700 Großschmetterlingsarten mit vom Aussterben bedrohten Formen wie **Eisenfarbiger Samtfalter** (*Hipparchia statilinus*), **Widderbärchen** (*Syntomis phegea*), **Silbermönch** (*Cucullia argentea*) leben in den Elbtalauen.

Insgesamt finden sich 151 Brutvogelarten, darunter so seltene wie **Schwarzstorch**, **Seeadler**, **Kranich**, **Flussuferläufer**, **Raubwürger** und **Sperbergrasmücke**.

Besonders hervorzuheben ist die zusammenhängende Brutverbreitung von knapp 500 **Weißstorchpaaren** mit für Mitteleuropa ungewöhnlich hohen Konzentrationen, wobei der Ort Rühstädt mit rund 40 Brutpaaren an der Spitze steht.

Die Elbtalaue stellt einen international bedeutsamen Zugkorridor für durchziehende und überwinternde Entenvögel und für Kraniche dar. In Abhängigkeit von den Wasserständen des Stromes betragen die winterlichen Rastbestände beim **Singschwan** 2.000-2.500, beim **Zwergschwan** 3.500-4.000 (Europäischer Gesamtbestand 16.500) und bei der **Saat-** und **Blässgans** bis zu 100.000 Vögel.

In der Elbtalaue laichen 12 von 19 in der Bundesrepublik heimischen Amphibienarten. Weit verbreitet sind **Rotbauchunke** (*Bombina bombina*), **Laubfrosch** (*Hyla arborea*) und **Moorfrosch** (*Rana arvalis*).

Der Storch lebt nicht vom Frosch allein

Dass **Weißstörche** oft ein Lebensalter von mehr als 20 Jahren erreichen, ließ sich mit Hilfe der wissenschaftlichen Vogelberingung vor langer Zeit schon belegen. Die Lebensstationen einzelner Störche über einen so langen Zeitraum zu verfolgen, ist jedoch nur in wenigen Fällen gelungen. Ein eindrückliches Beispiel liefert der Storch "032 Radolfzell", jahrelang Brutvogel auf dem Dach eines Bauernhauses in Langendorf, einem kleinen Ort am Rande der Dannenberger Marsch. Freilich, ohne Storchen-freunde, die sich mit Fernrohren und viel Geduld der Erforschung des allbekannten Großvogels widmen, wäre es nicht möglich, die jährlichen Aufenthaltsorte und die Bruterfolge aufzuzeigen. Die Ergebnisse dieser mühevollen Arbeit sind jedoch außerordentlich wichtig, wenngleich die Lebensgeschichten – wie auch im vorliegendem Fall – oft eher Leidenswegen gleichen: geprägt von der andauernden Flucht vor der Lebensraumzerstörung durch den Menschen. "Unser" Storch erblickte 1968 in Frauenaurach (Kreis Erlangen) das Licht der Welt und brütete erstmals im Alter von vier Jahren im Zentrum des Hannoverschen Wendlands, knapp 400 km vom Geburtsort entfernt. Drei Junge

zog das Weibchen – wie sich nun herausstellte – auf. Die Auswirkungen einer zuvor eingeleiteten Flurbereinigung, bei der die feuchten Wiesen rigorosen Entwässerungen zum Opfer fielen, zwangen den Storch schon nach zwei Jahren zur Umsiedlung. Zunächst entsprach noch ein Dorf in der Jeetzelniederung, einem Seitental der Elbe, den artspezifischen Lebensraumansprüchen. Flussregulierungen und der stete Umbruch von trockengefallenem Grünland in Ackerland veranlassten den Vogel, alsbald in den feucht verbliebenen Teil der Niederung – bereits unweit der Dannenberger Marsch – auszuweichen. Sieben Jahre lang zog es den Storch immer wieder in das kleine Dorf Langenhorst. 19 Jungvögel verließen während dieser Zeit das Nest. Doch Entwässerungsgräben zeigen ihre weiträumige landschaftsverändernde Wirkung oft erst nach Jahren. Langsam aber stetig sackt der Grundwasserspiegel ab. 1983 wechselte das Weibchen – nunmehr fünfzehnjährig – in die engere Elbtalaue, wo es in den folgenden sechs Brutperioden stets denselben Horst aufsuchte.

Die Geschichte dieses Vogels spiegelt in bezeichnender Weise den allgemeinen Trend des Storchenbestandes im westlichen Mitteleuropa wider. Das ehemals weitflächige Verteilungsmuster splitterte sich im Laufe der Jahrzehnte durch die zunehmenden Veränderungen der feuchten Niederungen unter starken Bestandseinbußen immer stärker auf. Die verbliebenen Paare konzentrierten sich zunächst noch im engen Bereich der vom Menschen weniger beeinflussbaren Stromauen. In den letzten Jahren nimmt vielerorts aber auch hier dramatisch die Brutdichte ab. Heute bildet die Weißstorch-Konzentration im Elbtal zwischen Lauenburg und Werben einen mächtigen Siedlungsblock, der die mittlerweile nahezu storchenleeren

Gebiete im Westen mit den noch reich besiedelten im Osten verbindet. 1994 brüteten im Biosphärenreservat Flusslandschaft Elbe exakt 471 Storchenpaare! (s. Abb. Seite 66). Im "Bestjahr" 1996 waren es sicher sogar um 10% mehr. Damit entspricht die hohe Dichte von 30 Paaren pro 100 Quadratkilometer der der storchenreichsten Niederungen im östlichen Mitteleuropa. Entgegen dem allgemeinen Trend konnten die ehrenamtlichen "Störchezähler" des engeren Elbtales seit Mitte der 80er Jahre sogar einen leichten Bestandszuwachs registrieren.

Derzeit einmalig für unsere Breiten ist dabei der 15 km östlich von Wittenberge gelegene Ort Rühstädt. Dort brüten rund 40 Weißstorchpaare geradezu kolonieartig auf Häusern und Stallungen des kleinen Dorfes. Das war keineswegs immer so, erst 1979 stieg die Zahl von vormals fünf Paaren auf die Höchstmarke von 43 Paaren im Jahre 1996 an.

Das Elbtal ist heute eines der wichtigsten Rückzugsgebiete für den einst überall in Mitteleuropa häufigen Weißstorch.

Die Gründe, warum gerade in Rühstädt eine derartige Massierung entstand, bleiben rätselhaft. Möglicherweise übt die Häufung mehrerer Paare, wenn sie eine bestimmte Schwelle überschritten hat, eine außerordentlich anziehende Wirkung, insbesondere auf junge Vögel, aus. Grund genug jedenfalls für die Rühstädter Bevölkerung in jedem Jahr am letzten Juli-Wochenende ein großes "Storchenfest" zu feiern. Die entscheidende Voraussetzung für den Verbleib des Großvogels ist die Sicherung einer ausreichenden Nahrungsgrundlage. Dabei ist "Meister Adebar" keinesfalls wählerisch: **Regenwürmer**, **Schnecken**, **Käfer**, **Heuschrecken**, **Frösche**, **Molche**, **Fische**, Mäuse und sogar **Schlangen** – er nimmt, was ihm vor den

Schnabel kommt. So banal die Zusammensetzung des Speisezettels klingen mag, gerade die breite Nahrungspalette findet der Storch in ausgeräumten, verarmten Niederungslandschaften nicht mehr vor.

Aktuelle wissenschaftliche Untersuchungsergebnisse der Biologin Krista Dziewiaty, die sich seit Jahren mit dieser Thematik im Elbtal beschäftigt, belegen die enorme Bedeutung periodisch nasser Feuchtwiesenareale als Nahrungsraum für dem Großvogel. Von knapp 2.500 nahrungssuchenden Störchen, die während über 500 Stunden Freilandarbeit beobachtet wurden, hielten sich rund 90% im Elbtal auf. Besonderer Anziehungspunkt sind die Qualmwasserzonen an der Binnenseite der

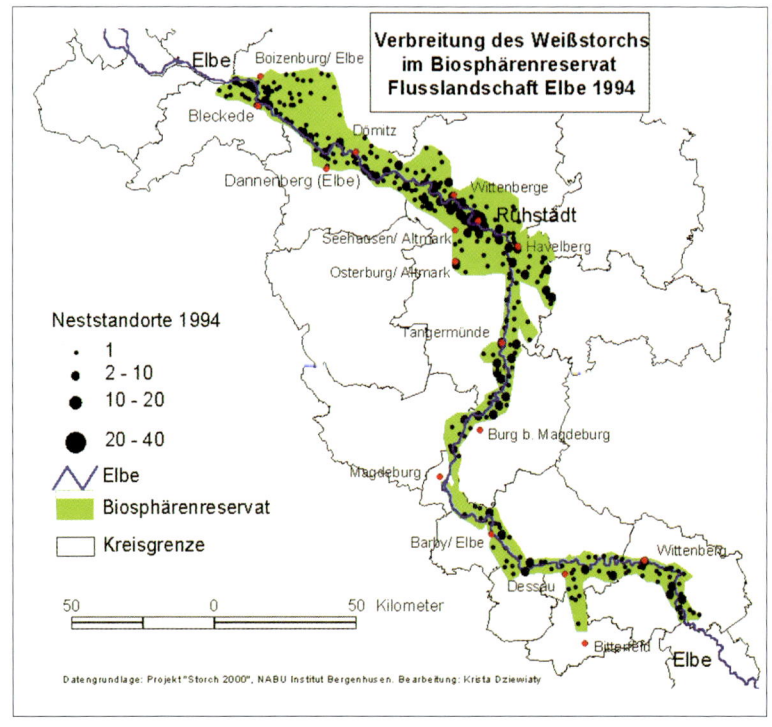

Verbreitung des Weißstorchs
im Biosphärenreservat
Flusslandschaft Elbe 1994

Neststandorte 1994

- 1
- 2 - 10
- 10 - 20
- 20 - 40

Elbe

Biosphärenreservat

Kreisgrenze

50   0   50 Kilometer

Datengrundlage: Projekt "Storch 2000", NABU Institut Bergenhusen. Bearbeitung: Krista Dziewiaty

In Rühstädt bei Wittenberge findet sich die größte Konzentration brütender Weißstörche entlang der Elbe. Anlass für die Einwohner, alljährlich ein Storchenfest zu feiern.

Deiche mit ihrer Vielzahl an Kleingewässern, die regelmäßig überfluteten Rückstauräume an Aland, Seege, Löcknitz und Karthane und die beweideten oder als Mähwiese genutzten weiten Deichvorländer der Elbe. Sehr wichtig sind auch Zustand und Artenreichtum der unmittelbar an die Dörfer angrenzenden Wiesen und Gewässer. Gerade im zeitigen Frühjahr zu Beginn der Brutperiode liegen die Nahrungsplätze selten mehr als tausend Meter vom Nest entfernt. Zu groß ist nun die Sorge der Altvögel um Konkurrenten, die den unbewachten Nistplatz streitig machen oder die Brut gefährden könnten.

Die Elbdörfer der östlichen Bundesländer sind mit ihrem noch hohen Potential naturnaher Lebensräume im engeren Siedlungsraum offenkundig für den Storch ungleich attraktiver als die "sauberen", rundum "dorferneuerten" Ortschaften auf der niedersächsischen Elbseite. Im Hinblick auf ihre künftige Entwicklung wird es vordringlich sein, endlich auch für den Lebensraumanspruch des Weißstorchs das vielzitierte Motto "Mehr Natur in Dorf und Stadt" zu beherzigen.

Rastplatz für Zugvögel

Wo im Frühling die Flusstalaue erfüllt ist vom Flöten, Jauchzen und Trillern balzender Wiesenlimikolen, herrschen in der kalten Jahreszeit ganz andere Stimmen vor. Dann nämlich fallen unter lärmendem Geschnatter Tausende von Gänsen auf den weiten Marschen zum Äsen ein, Altarme und Haken hallen wider vom melodischen Rufen der **Gelbschnabelschwäne**, Elbe und Seitengewässer werden belebt vom Schnattern, Pfeifen und Klingeln ganzer Pulks fremdartig bunter **Enten** und **Säger**. Es sind Gäste aus dem hohen Norden Skandinaviens und Russlands, die hier Station machen und in milden Wintern wochen- oder monatelang verweilen. Das Elbtal zwischen Lauenburg und Havelberg bietet über Hunderttausenden von ihnen Nahrungs-, Rast- und Schlafplätze. Es ist neben der Mecklenburger Seenplatte ein weiterer wichtiger Trittstein für wandernde Wat- und Wasservögel auf ihrer Zugroute vom Ostseeraum in die Wattlandschaften der Nordseeküste.

Wat- und Wasservögel, Sing- und Greifvögel überfliegen auf ihrem Zug ins Winterquartier viele Ländergrenzen. Die Elbtalniederung liegt innerhalb stark frequentierter Zugwege. Sie ist Rastgebiet für Wat- und Wasservogelarten, die zur westeuropäisch-nordwestafrikanischen Küstenpopulation gehören oder deren Jahreslebensraum sich zwischen der Nordsee und dem Baltikum erstreckt. Für den Aufbau von Fettreserven müssen Vögel an den Rastplätzen täglich bis zu 40 Prozent mehr fressen als sonst. So beträgt die Gewichtszunahme bei Singvögeln während der Rast bis zu einem Gramm pro Tag. Die Notwendigkeit einer entsprechenden Nahrungsaufnahme stellt viele Vogelarten heute vor große Schwierigkeiten. Immer weitmaschiger wird nämlich in

Saat- und Blässgänse rasten in der Löcknitzniederung.

Mitteleuropa das Netz geeigneter Rastgebiete, welche die artspezifischen Ansprüche an Nahrung und Lebensraum erfüllen. Ganz besonders gilt das für die verbliebenen naturnahen Feuchtlebensräume, die von jeher nur von vergleichsweise geringer Flächenausdehnung waren, aber als nahrungsreiche Biotope stark frequentiert werden.

Die von vielerlei Kleingewässern durchzogenen tischebenen und baumlosen Grünländereien um Tangermünde, von Elbe-Aland-Niederung, Lenzer Wische, Gartower und Dannenberger Marsch und der Sude-Schale-Niederung werden bevorzugt von den scheuen und wachsamen Großvögeln aufgesucht. Hier bieten sich störungsfreie Nahrungsplätze auf Wiesen und Weiden, in Röhrichten und Rieden und auf abgeernteten Ackerflächen. In benachbarten Altwässern und Flutrinnen, Haken und Bracks sind Möglichkeiten zum Trinken, Putzen, Ruhen und Schlafen gegeben.

Zu Ansammlungen des bei uns heimischen **Höckerschwans** (*Cygnus olor*) gesellen sich vor allem von November bis in den April hinein Gruppen und Familienverbände des aus dem Norden Russlands und Skandinaviens stammenden **Singschwans** (*Cygnus cygnus*). In milden Wintern verbleiben Hunderte von ihnen im Elbtal, wo sie gern auf überstauten Wiesen oder an Altwasserrändern gründelnd Blätter und Rhizome von Wasserschwaden, Rohrglanzgras und Schlanksegge abweiden. Läßt sich der Singschwan eher als Weideschwimmer bezeichnen, so zeigt sich der in den Tundren Westsibiriens beheimatete **Zwergschwan** (*Cygnus columbianus bewicki*) als typischer Weidegänger, der gemächlich voranschreitend niedrige Gräser abrupft. Auf dem Gipfel des Heimzuges im März können Tausende von Zwergschwänen in den Marschen zwischen Boizenburg und Quitzöbel rasten – ein erheblicher Teil der ca. 17.000 Tiere umfassenden europäischen Winterpopulation.

Von der in hoch arktischen Regionen Russlands beheimateten **Blässgans** (*Anser albifrons*) zählten Vogelkundler im März zwischen Schnackenburg und Hitzacker bis zu 35.000 Vögel, das sind etwa neu Prozent des Weltbestandes. Noch höhere Rastzahlen registrierten sie von der aus Nordeurasien zu uns wandernden **Saatgans** (*Anser fabilis*) mit maximal 48.000 Tieren. Beeindruckend sind auch die Maximalrastzahlen der auf den offenen Gewässern des Elbtals rastenden kleineren Entenvögel: **Pfeifente** (*Anas penelope*) 2.100, **Krickente** (*Anas crecca*) 6.500, **Stockente** (*Anas platyrhynchos*) 4.800, **Löffelente** (*Anas clypeata*) 190, **Tafelente** (*Anas ferina*) 1.100, **Gänsesäger** (*Mergus merganser*) 1.500 und **Zwergsäger** (*Mergus albellus*) 125 Individuen.

Wenngleich rastende und wandernde Vogelscharen in der winterlich klaren Flur besonders ins Auge fallen – Vögel sind auch in der warmen Jahreszeit ständig unterwegs im Urstromtal der Elbe. Besonders auf die an Feuchtbiotope gebundenen Vogelarten übt die Elbe das ganze Jahr über eine starke Anziehungskraft aus. Zugruhe herrscht hier nie. Vor allem in den Sommermonaten können ziehende und rastende Limikolen beobachtet werden. So berühren beispielsweise 300 – 400 **Kampfläufer** (*Philomachus pugnax*) auf dem Heimzug im April/Mai und dem Wegzug von Juli bis September alljährlich das Elbtal. Besonders eindrucksvoll ist der schon im Juni einsetzende flussabwärts gerichtete Sommerzug der **Kiebitze** (*Vanellus vanellus*), der im September mit bis zu 10.000 Rastvögeln seinen Höhepunkt erreicht. Leben bringt auch der auffällige Mauserzug hunderter heimischer **Graugänse** (*Anser anser*) in den Monaten Mai, Juni und Juli.

Die Kraniche ziehen

12.10.1992: Ein kalter, klarer Tag. Der Wind bläst aus Nordost. Über den Niederungen um den Höhbeck ist die Luft erfüllt von weithin schallenden, trompetenden Rufen. Vom frühen Morgen an ziehen Formationen von **Kranichen** (*Grus grus*) hoch am Himmel nach Südwesten. Unruhig schreiten die heimischen Standvögel am Boden umher. Aufgeregt antworten sie ihren dem Winterquartier zustrebenden Artgenossen da oben. Folgen die Keile, Winkel und Schrägreihen der wandernden Kraniche am Vormittag einander noch in größeren Abständen, so verdichtet sich das Zuggeschehen über Mittag zusehends. Innerhalb weniger Minuten eilen Hunderte oder auch einmal über tausend Vögel unter weithin hörbaren Fanfarenrufen bald segelnd, bald kreisend, bald in aktivem Ruderflug dahin. Über 6.000 sind es heute! Winzige dunkle Ketten und Perlenschnüre, im tiefen Himmelsblau kaum mit dem Feldstecher zu entdecken, erst vor hellen Wolkenfahnen heben sie sich deutlicher ab. Gegen 14 Uhr lösen sich Einzelvögel, dann kleine Gruppen aus den Zügen, trudeln und pendeln herab in abenteuerlichen Zugmanövern, gesellen sich zu den äsenden Standvögeln auf dem Acker. Erst vor zwei Tagen hatte sich so eine anfangs kleine Kranichgesellschaft im Laufe des

Nachmittags durch immer mehr einfallende Tiere zu einer stattlichen, dicht zusammengedrängten Gesellschaft von 1.200 Vögeln aufgefüllt.

Solche viele hundert Vögel zählenden Gruppen rastender Kraniche sind alljährlich auf dem Weg- und Heimzug im Elbtal an geeigneten Plätzen zwischen den Mündungen von Karthane und Sude anzutreffen. Liegt dieser Rastplatz doch genau im schmalen, quer durch Europa führenden Zugkorridor zwischen den Herbst-Sammelplätzen der Rügen-Bock-Region und dem Überwinterungsgebiet auf der Iberischen Halbinsel. Je nach Witterung verweilen die Gäste im Elbtal ein paar Tage oder bis zu drei Wochen, ehe sie weiterziehen. Gemeinsam mit den heimischen Artgenossen äsen sie auf Grünland oder Acker in Stromnähe und suchen zum Abend traditionelle störungsarme Schlafplätze auf, um im Flachwasser zu nächtigen. Die Standpaare der Elbe-Region sind in der Regel die letzten, die oft erst im November nach Spanien aufbrechen. Und sie kehren auch als erste schon ab Februar zurück.

Links: Balzende Kraniche.
Oben: Das Deichvorland von Damnatz – ein beliebter Rastplatz. Kraniche finden im Elbtal sowohl Nahrungs- wie Schlafplätze auf dem Zuge zu ihren Überwinterungsquartieren in Spanien und Nordafrika.
Unten: Kreisende Kraniche über dem Elbholz.

Watvögel an der Elbe

Für eine Vielzahl von Wat- und Wasservögeln ist das Elbtal sowohl als Brut- wie auch als Rasthabitat von überragender Bedeutung. Dafür spricht schon die ungewöhnlich hohe Zahl der hier nachgewiesenen Arten: 37 Anatiden (**Schwäne**, **Gänse**, **Enten**), 15 **Möwen** und **Seeschwalben**, zwei **Raubmöwen** und 27 **Watvögel**, auch Limikolen genannt.

Zehn Limikolenarten brüten regelmäßig im Elbtal, die anderen beleben vor allem auf dem Heim- und Wegzug die unterschiedlichen Feuchtlebensräume.

Von den generell im Brutbestand stark abnehmenden "Wiesenlimikolen" besiedelt allein der **Kiebitz** (*Vanellus vanellus*) noch einige Äcker und Grünländereien.

Der **Große Brachvogel** (*Numenius arquata*) hat sich vor allem auf größere Deichvorländereien zurückgezogen, die **Bekassine** (*Gallinago gallinago*) dagegen auf wenige dauerfeuchte Niederungsteile. **Uferschnepfe** (*Limosa limosa*) und **Rotschenkel** (*Tringa totanus*) haben die meisten traditionellen Brutplätze geräumt und brüten im neuen Jahrtausend nur noch sporadisch an geeigneten Plätzen.

Der früher häufige **Kampfläufer** (*Philomachus pugnax*) kommt nur noch sporadisch als Brutvogel vor. **Austern-**

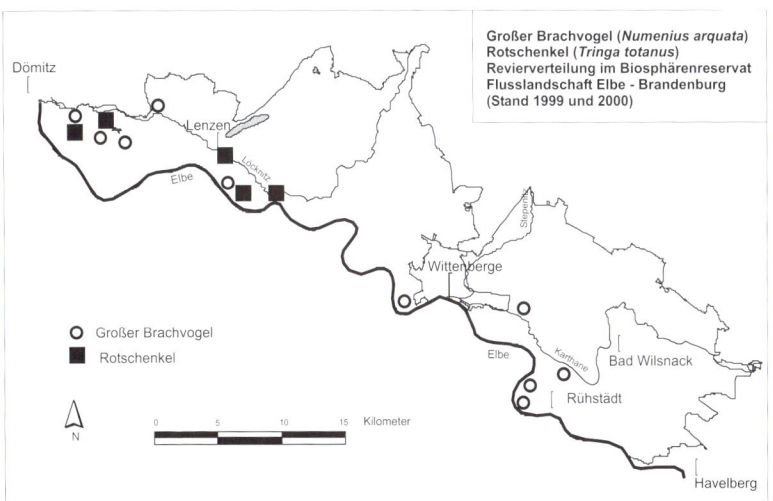

Großer Brachvogel (*Numenius arquata*)
Rotschenkel (*Tringa totanus*)
Revierverteilung im Biosphärenreservat
Flusslandschaft Elbe - Brandenburg
(Stand 1999 und 2000)

Dömitz

Lenzen

Löcknitz

Elbe

Wittenberge

○ Großer Brachvogel
■ Rotschenkel

Elbe   Karthane   Bad Wilsnack

Rühstädt

N

0   5   10   15   Kilometer

Havelberg

fischer (*Haematopus ostralegus*) und **Flussregenpfeifer** (*Charidrius dubius*) nisten regelmäßig auf sandreichen Gleitufern der Elbe, in Kiesgruben oder an frisch erstellten künstlichen Gewässern. Im Unterholz flussbegleitender Weichholzauen kann der **Uferläufer** (*Tringa hypoleucos*), an stillen Waldseen und Auwäldern der seltene **Waldwasserläufer** (*Tringa ochropus*) sein Gelege verstecken.

In kleineren oder größeren Gesellschaften rasten auf dem Durchzug im Frühjahr und Herbst **Sandregenpfeifer** (*Charidrius hiaticula*), **Dunkler Wasserläufer** (*Tringa erythropus*), **Grünschenkel** (*Tringa nebularia*), **Bruchwasserläufer** (*Tringa glareola*) und **Alpenstrandläufer** (*Calidris alpina*).

Einzeln oder in nur geringer Zahl können auch folgende Arten das Elbtal auf dem Durchzug berühren: **Kiebitzregenpfeifer** (*Pluvialis squatarola*), **Steinwälzer** (*Arenaria interpres*), **Zwergschnepfe** (*Lymnocryptes minimus*), **Regenbrachvogel** (*Numenius phaeopus*), **Knutt** (*Calidris canutus*), **Temminckstrandläufer** (*Calidris temminckii*), **Sichelstrandläufer** (*Calidris*

Bis in den Mai flach überstaute Wiesen bieten Brutvögeln wie der Uferschnepfe (links) und Durchzüglern wie dem Grünschenkel (oben) ideale Lebensbedingungen.

minuta) und **Sanderling** (*Calidris alba*). Als Bewohner vegetationsarmer Elbdünen ist der **Triel** (*Burhinus oedicnemus*) wohl schon um die Jahrhundertwende ausgestorben.

Unter dem Schutz des Würgers

Hecken und Gebüsche sind typisch für Landschaften des Elbtales, sie verbinden unterschiedliche Lebensräume, gliedern die genutzte Feldflur, säumen Wege und sind überdies bevorzugte Siedlungsräume für zwei kleine Singvogelarten, die während der Brutperiode in einer ungewöhnlichen Gemeinschaft zusammenleben.

Mit einer Körperlänge von 15 Zentimetern und einem Gewicht um die 25 Gramm gehört die **Sperbergrasmücke** (*Sylvia nisoria*) zu der größten Vertreterin ihrer Gattung in Europa. Anders als ihre meist schlicht gefärbten Verwandten fällt sie bereits durch ihre kontrastreich gebänderte Unterseite und die leuchtend gelbe Augenfärbung mit einem geradezu "stechend" wirkenden Blick aus dem Rahmen. Trotz dieser auffallenden Merkmale entzieht sie sich den Blicken der meisten Naturfreunde, denn sie lebt versteckt im Inneren dorniger Sträucher und inmitten von Brennnessel-Säumen.

Ganz anders die **Neuntöter** oder **Rotrückenwürger** (*Lanius collurio*), deren Männchen zumeist ungedeckt und aufrecht auf den höchsten Ästen dornenreicher Gebüsche sitzen und ihr auffällig beige, grau und braun gemustertes Gefieder mit dem markanten schwarzen Augenstreif präsentieren.

Neuntöter sind in Mitteleuropa weit verbreitet, wenngleich die Brutbestände vielerorts aufgrund der Lebensraumververänderungen stark abgenommen haben. In den Hecken und Gebüschen des Elbtales erreicht dieser Insektenjäger jedoch noch ungewöhnlich hohe Brutkonzentrationen. Schätzungsweise mehrere hundert Paare kehren alljährlich von ihrer Reise aus den ostafrikanischen Winterquartieren in das Gebiet des geplanten Nationalparkes zurück.

Die Vorkommen der Sperbergrasmücke sind eine echte "Spezialität" der Elbtalaue. Als Brutvogelart des zentralen Eurasiens erreicht sie im deutlich kontinental geprägten Klimaraum der unteren Mittelelbe die Westgrenze ihrer Verbreitung. Langjährige Bestandsuntersuchungen im niedersächsischen Teil des Elbtales erbrachten bisher andernorts unerreichte Dichtewerte, wobei die Sperbergrasmücke in der Aue ausgedehnte und reichgegliederte Hecken und Gebüsche aus **Hundsrose** (*Rosa canina*), **Weißdorn** (*Crataegus monogyna u. oxycantha*) oder **Schlehe** (*Prunus spinosa*) besiedelt. Typisch für den Le-

Dornenbewehrte Büsche und Hecken im Grünland oder an Trockenrasen - wie die in Frühjahr farbenprächtige Hundsrose (oben) - bieten ideale Singwarten für die Männchen des Neuntöters (links) und der Sperbergrasmücke (unten). Im dichten, dornenreichen Strauch sind die Nester vor Feinden weitgehend sicher.

bensraum der Grasmücke sind einzelne im Schutz der Dornenbüsche herauswachsende Laubbäume, die als Singwarten oder Nahrungsräume wichtig sind.

Auffälligste Erscheinung am Brutplatz der Sperbergrasmücke ist jedoch die unmittelbare Nachbarschaft zum Neuntöter. Aufwendige Studien an farbberingten Vögeln beider Arten brachten an den Tag, dass die Verbindung keinesfalls Zufall ist. Während der Revierbesetzung Anfang Mai suchen die männlichen Grasmücken gezielt die Gesellschaft des Würgers und errichten trotz mancherlei Attacken des wenig duldsamen Neuntöters das Nest in möglichst geringer Entfernung zu dem des Würgers. Davon profitiert die Grasmücke offenbar in mehrfacher Weise. Zum einen nutzt sie das aggressive und wirkungsvolle Warn- und Verteidigungsverhalten des Neuntöters gegenüber Nesträubern wie **Eichelhähern** und **Hermelinen** aus, und kann dadurch ihren Bruterfolg vergrößern. Zum anderen können die Männchen ihre brütenden Weibchen unter dem Schutz des Würgers "sicher wissen", während sie sich manchmal mehrere Kilometer entfernt mit anderen Weibchen verpaaren. Auch für diese Zeit wählt die Sperbergramücke den Neststandort in der Nähe eines Würgerrevieres.

Sobald jedoch die Jungen im ersten Nest schlüpfen, ist die Zeit der "Seitensprünge" für die Männchen der Sperbergrasmücke vorbei. Sie kehren zur

Erstbrut zurück, helfen bei der Aufzucht der Jungen und überlassen die Nebenweibchen sich selbst. In deren Nestern sinkt der Bruterfolg dadurch um mehr als die Hälfte.

Reich strukturierte Hecken sind die bevorzugten Brutplätze von Sperbergrasmücke und Neuntöter. Die schlicht gefärbten Weibchen ähneln sich auf dem ersten Blick – links die Sperbergrasmücke, rechts der Neuntöter.

Amphibien – verborgene Rufer

Die Elbtalniederung ist aufgrund der großen Zahl von Gewässern aller Art und der Vielfalt von terrestrischen Lebensräumen überaus reich an Lurchen. Insgesamt elf von 15 deutschen Arten kommen hier vor. Zur Laichzeit sind die Froschlurche mit ihren unterschiedlichen Rufen neben den Vögeln das dominierende akustische Element des Elbtals.

Die Charakterart der Elbtalaue im zeitigen Frühjahr ist der **Moorfrosch** (*Rana arvalis*). Neben ihm tritt der nahe verwandte **Grasfrosch** (*Rana temporaria*) fast gänzlich zurück. Das mag an der Vorliebe des Moorfrosches für lichte Auwälder als Bestandteil seines Jahreslebensraumes liegen. Überall in flachen Tümpeln sind an warmen Tagen Ende März bis Mitte April große Gruppen himmelblauer Moorfrösche zu sehen, die unaufhörlich vor sich hinblubbern. Es sind Moorfroschmännchen, die auf heranhüpfende Weibchen warten.

Die Weibchen legen ihre Eier in großen Klumpen auf einmal ab und halten sich nur wenige Tage in ihren Laichgewässern auf. Die Moorfroschmännchen verlieren ebenfalls nach wenigen Tagen ihr Hochzeitskleid, nehmen wieder ihre normale braune Färbung an und verlassen das Laichgewässer. Das übrige Jahr

leben sie an Land. Sie überwintern unter Laub, Baumstämmen oder in Erdhöhlen.

Eine Art "Wappenlurch der Elbtalniederung" ist die **Rotbauchunke** (*Bombina bombina*). Sie zählt zu den wärmeliebenden kontinentalen Arten und findet im Elbtal ihre nordwestliche Verbreitungsgrenze. Weithin hörbar ist im Mai und Juni das melodische Rufen der Männchen, das schon mit dem Läuten der Kirchenglocken versunkener Dörfer verglichen wurde. Unken rufen nur, solange das Wasser in ihrem Laichhabitat ansteigt. Fällt das Hochwasser, verstummen sie. Dabei darf das Wasser nicht fließen, sondern muß stehen. Derartige Bedingungen sind vorwiegend in den Qualmwassern gegeben.

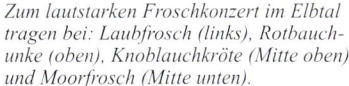

Zum lautstarken Froschkonzert im Elbtal tragen bei: Laubfrosch (links), Rotbauchunke (oben), Knoblauchkröte (Mitte oben) und Moorfrosch (Mitte unten).

Die Männchen des Moorfrosches (unten) schmücken sich im Frühjahr für wenige Tage mit einem blauen Hochzeitskleid.

Die Rotbauchunke besiedelt nahezu ausschließlich den Binnendeichraum, denn ihr Anspruch an den Laichplatz ist im Außendeichgelände nur sehr selten erfüllt. Da Hochwässer in manchen Jahren mehrmals auftreten, zeigt auch die Unke mehrere getrennte, bis in den August andauernde Rufphasen.

Am besten sind die Unken mit dem Fernglas vom Deich aus zu beobachten. Man sieht dann vor allem die an der Wasseroberfläche treibenden, rufenden Männchen, die bei Gefahr sofort untertauchen. Die Tiere erscheinen aufgeblasen, da sie die mit Luft prall gefüllten Lungen als Resonanzkörper benutzen. Beim Rufen wird der nach außen vorgewölbte Mundboden zusammengedrückt, wodurch seine rot gefleckte Unterseite periodisch sichtbar wird. Die Männchen rufen einzeln und beanspruchen ein Rufrevier von etwa einem Quadratmeter. Dringt ein anderes Männchen dort ein, richtet der Revierbesitzer ihm seinen prall gewölbten Mundboden mit der farblich hervorstechenden Unterseite entgegen. Ist der Eindringling hartnäckig, kann es zu langdauernden Kämp-

Das "Trillern" der männlichen Wechselkröten (links) ist bis zu 500 Meter weit zu hören.

fen kommen. Aufgrund dieser Verhaltensweise verteilen sich die Unkenmännchen weit über die vorhandene Wasserfläche.

Unken laichen nicht auf einmal ab wie Moorfrösche, sondern sukzessiv in vielen Portionen. Sie heften ihre Eier unter Wasser an Wasserpflanzen.

Ein weiterer sehr charakteristischer Lurch der Elbtalniederung ist die **Kreuzkröte** (*Bufo calamita*). Sind für das Vorkommen des Moorfrosches lichte Auwälder und für die Rotbauchunke Qualmwasserlebensräume bestimmend, so ist die Kreuzkröte auf trockene und sandige Lebensräume angewiesen. Hier vergräbt sich das an seinem gelben Aalstrich gut zu erkennende Tier während des Tages. Die nachtaktiven Kreuzkröten sind leicht an ihrem mäuseartig schnellen Lauf zu identifizieren. Kreuzkröten sind mehr als alle anderen Lurche im Elbtal an das Ablaichen in sehr flachen Tümpeln und Überschwemmungszonen angepasst. Nur dort, in sich rasch erwärmenden Flachwasserzonen, können sich die langen Legeschnüre der Kreuzkröte entwickeln. Je vegetationsloser das Laichgewässer ist, desto besser. Mit lautem, weithin hörbarem, rasselartigem Geräusch – ähnlich dem Schnarren der Nachtschwalbe – werden Weibchen und andere Männchen von weither an die für das Laichen gerade günstige Stelle gerufen. Die Kreuzkröte laicht normalerweise bei Dunkelheit, bei regnerischem Wetter, selten bei Tag. Die schwarzen Kaulquappen entwickeln sich sehr rasch. In großer Zahl verlassen die kaum zentimetergroßen Jungkröten ihre Geburtsgewässer nach wenigen Wochen.

Die Nacht im Elbtal gehört in vielen Bereichen dem **Laubfrosch** (*Hyla arborea*). Mit seinen meckernden Rufen übertönt er ab April bis Ende Juni in der Nähe seiner Laichgewässer alle anderen Geräusche. Haben die Männchen ein Weibchen gefunden, verstummen sie. Aus den in kleinen Paketen an Pflanzen gehefteten Eiern entwickeln sich nach wenigen Wochen goldfarbene Kaulquappen. Außerhalb der Laichzeit lebt der Laubfrosch in Hecken, Gebüschen und Hochstauden. Besonders gern bewohnt er Brombeersträucher, in denen er nachts, unterstützt von Haftballen an seinen Füßen, umherklettert und Insekten und Spinnen fängt. Tagsüber sitzt er meist reglos in der Sonne.

Nach einer Sommerpause von mehreren Monaten fangen die Laubfroschmännchen im September wieder mit ihrem Froschkonzert aus den Hecken an.

Die Frühjahrsnächte in den Pevestorfer Wiesen (unten) sind vom weithin schallenden Konzert von Laubfrosch, Rotbauchunke, Kreuzkröte und Wasserfrosch erfüllt.

Der Aal und andere Flussbewohner

Landgang der Aale

Auf einer Reise durch das Elbtal kam ein Kaufmann abends in einen Gasthof, um sich nach den Mühen des Tages mit einem kühlen Trunk zu erfrischen. Da betrat ein anderer Gast mit einem dicken Aal unter dem Arm die Gaststube. Nächtens sei er durch eine Wiese spaziert und plötzlich auf etwas getreten, was sich bewegte. Er habe dann zugegriffen und den Aal gefangen. Fertig mit seiner Prahlerei fragte ihn der Kaufmann, wie

wohl die Wiese ausgesehen habe. Ob sie womöglich aus Brettern bestanden habe, mit ein paar Löchern drin. Da bekam der Mann einen roten Kopf und entfernte sich eiligst aus der Gaststube: er hatte den Aal aus einem Fischkasten gestohlen.

Tatsächlich berichten Fischer regelmäßig von Aalen, die auf den Wiesen der Flussauen sehr leicht zu fangen sind. Bei ansteigendem Hochwasser wandern Fische auf die überfluteten Flächen ein und nutzen das reiche Angebot an emporsteigenden Regenwürmern und sich entwickelndem Plankton. Gerade Aale sind dann häufig derart vollgefressen, dass sie Mühe haben, dem ablaufenden Wasser in die Elbe zu folgen.

Heute bildet der **Aal** die Grundlage der Elbfischerei, wandernde Arten wie **Stör**, **Lachs** und **Flussneunauge**, die noch vor hundert Jahren zum täglichen Fang gehörten, sind in der Elbe verschwunden. Warum gerade dieser Fisch in unseren Gewässern überleben konnte, läßt sich anhand seiner erstaunlichen Wanderungen erklären. Die Laichgründe der Aale liegen weit entfernt von unseren Gewässern im nordamerikanischen Becken des Atlantischen Ozean. In den Tiefen des Sargassomeeres entwickelt sich aus den befruchteten Eiern freischwimmende Larven, die Weidenblattlarven. Diese werden mit dem Golfstrom verdriftet und erreichen nach drei Jahren als fingerlange "Glasaale" die europäische Küste. Kurz darauf wandern sie als sogenannte "Steigaale" die Binnenflüsse Europas hinauf und bleiben bis zur Geschlechtsreife 12 bis 15 Jahre lang im Süßwasser. Im Herbst, wenn die geschlechtsreifen Tiere in ihre Laichgründe zurückwandern, verfärbt sich ihre Haut, und die Augen vergrößern sich zu lichtempfindlicheren "Tiefseeaugen".

Geräucherter Elbaal, gefangen von den wenigen Elbfischern (links) die es heute noch gibt, gehört zu den kulinarischen Spezialitäten der Region.

Oben: Geschlechtsreife Aale mit "Tiefseeaugen".

Der Fischrogen und die Brut flussaufwärts wandernder Arten wie Lachs, Stör und Neunauge sind im Ökosystem "Fluss" ganz anderen Problemen ausgesetzt. Eingriffe zur Flussregulierung und Stauwehre verbauen den geschlechtsreifen Tieren die Möglichkeit, in ihre Laichgewässer zu gelangen, eingebaute Fischtreppen verschaffen nur unbefriedigende Abhilfe. Die bevorzugten Laichgründe der Wanderfische sind Kiesbänke am Flussgrund, die bei intakten Gewässern von sauerstoffreichem Wasser umflossen werden. Die Schadstoffbelastung, insbesondere aber der auf eine Vertiefung der Elbe abzielende Stromausbau, hat solche Plätze verschwinden lassen.

Wesentlich günstiger steht es um die Standfische, die wie die Aale, mit dem Hochwasser auf die überstauten Landflächen einwandern. Sie finden in der überspülten Krautschicht günstige Laichgelegenheiten. Bei ausreichend hohem Wasserstand und mit Hilfe des wärmenden Sonnenlichts entwickelt sich die Fischbrut sehr schnell. In der Fachliteratur wird die ökologische Bedeutung überfluteter Wiesen mit eindrucksvollen Fangzahlen dokumentiert und der dringend notwendige Erhalt dieser vom Hochwasser beeinflussten Flächen faktisch begründet. Ein Beispiel sei hier erwähnt:

Im Winter 1953/1954 vernichteten toxische Industrie- und Gemeindeabwässer fast die gesamte Fischpopulation der Mittleren und der Unteren Elbe. Zentnerweise lagen die toten Fische nach Eisaufgang in den Buhnenfeldern.

Zander und **Hecht** fehlten im folgenden Frühjahr ganz und der Aalfang war nach dem winterlichen Fischsterben auf ein Viertel zurückgegangen. Die fischarme Zeit hielt bis zum Eintritt des Hochwassers im Juli 1954 an. Eine Erholung der Fischbestände war aber bereits im Herbst festzustellen. Das Sommerhochwasser, das recht spät eingesetzt und viel Wasser mit sich gebracht hatte, bot günstige Laichbedingungen für die geschwächte Fischpopulation. Nur der elbtypische Zander ließ noch lange auf sich warten.

Bei der Umsetzung eines Naturschutzkonzeptes für die Elbtalaue darf der Naturschutzgedanke nicht auf die Lebensräume über der Wasseroberfläche beschränkt bleiben. Vielmehr ist

Sorge zu tragen, dass die Vergrößerung des Überschwemmungsraumes und die Duldung von sogenannten Untiefen in den Mäandern des Stromes in ein noch zu erstellendes wasserbauliches und ökologisch orientiertes Konzept aufgenommen werden. Vereinzelt "verirren" sich noch heute **Lachse**, **Neunaugen** und **Quappen** in den Strom, so dass bei sich weiter verbessernder Wasserqualität Chancen zur natürlichen Wiederbesiedlung bestehen. Im Falle des Atlantischen Lachses ist dieses mit Hilfe menschlicher Unterstützung bereits geschehen: Nach Einbringung von Lachsbrut in einen Elbezufluss in Sachsen kehren inzwischen Lachse nach ihrer 5-jährigen Wanderung in grönländische Gewässer zum Laichen in ihren Geburtsbach zurück.

Links: Bei Hochwasser zeigt sich das naturnahe Relief der Elbtalaue besonders deutlich. Plastisch treten Wiesensenken, Flutrinnen, Altwässer und Kolke im Kontrast zu Geländerücken, Dünenzügen und Uferbermen hervor. Derartig reich strukturierte Flusstalabschnitte in dieser Ausdehnung sind in Mitteleuropa selten geworden. Nur in solchen Lebensräumen findet der Seeadler (oben) ausreichend Nahrung für sich und seine Jungen. Dieser am Elbufer einen Fisch essende Jungadler wurde in Mecklenburg als Nestling beringt.

Schmetterlinge – die List der Zipfelfalter

Im Urstromtal der Elbe sind noch einige Schmetterlingsarten zu beobachten, die vielerorts bereits als verschollen gelten. Der **Ulmenzipfelfalter** (*Strymonidia w-album*) gilt in Niedersachsen als vom Aussterben bedroht. In der Elbtalaue sind von dieser seltenen Art aus der Familie der **Bläulinge** (*Lycaenidae*) nur noch wenige isolierte Flugplätze bekannt. Er besiedelt Auwaldreste mit alten Ulmen, der Wirtspflanze seiner Larven.

Der Ulmenzipfelfalter ist sehr standorttreu und entfernt sich kaum aus dem Entwicklungshabitat seiner Raupen. Bei Sonnenschein schwärmt der Falter um die Kronen alter **Ulmen** in windgeschützter Lage. Auf den Blättern sitzend saugt er gern Honigtau, die zuckerhaltigen Ausscheidungen von **Blattläusen**. Seltener ist er in den Vormittagsstunden nahrungssuchend auf Hochstauden zu beobachten. Vor allem Doldengewächse, aber auch **Disteln**, **Baldrian** und **Dost** kommen für ihn als Nektarspender in Frage. Bei der Nahrungssuche schlägt der Ulmenzipfelfalter die Flügel nach oben über dem Körper zusammen. Die Zeichnung auf der Unterseite der Hinterflügel täuscht zusammen mit den "Flügelzipfeln" (Fühlerimitat) einen

Kopf vor. Diese List, mit der der Ulmenzipfelfalter insektenfressende Vögel gekonnt in die Irre führt, ist vor allem deshalb so wirksam, weil sie dem Angreifer die falsche Abflugrichtung vortäuscht.

Die Flugzeit des Ulmenzipfelfalters reicht von Mitte Juni bis in den August hinein. Die Weibchen legen ihre Eier in der Regel an Endknospen der unteren Zweige blühfähiger Ulmen ab. Sie bevorzugen dabei aus dem Waldmantel heraustretende, sonnenbeschienene Bäume. Die jungen Raupen schlüpfen, wenn die Knospen der Ulme, an denen die Eier überwintert haben, im April aufbrechen. Die asselförmige, Raupe frisst zunächst die Blüten, später die grünen Früchte von **Feld-** (*Ulmus minor*) und **Flatterulme** (*U. laevis*), ausnahmsweise auch deren Blätter. Ende Mai beginnt sie sich an Zweigen als Gürtelpuppe, der Rinde farblich angepaßt, zu verpuppen.

Die Ursachen für die Bedrohung der lokalen Populationen des Ulmenzipfelfalters liegen in der Verinselung seiner Biotope, dem Ulmensterben und der Beeinträchtigung der Auwaldränder durch

Links: Männchen des Pflaumenzipfelfalters (Strymonidia pruni).

Oben: Raupe des Ulmenzipfelfalters (Thecla w-album), den Früchten der Flatterulme bestens angepasst.

Unten: Der Ulmenzipfelfalter zählt zu den in Niedersachsen vom Aussterben bedrohten Tagfaltern.

Menschen und Haustiere. Bei der Beweidung der Grünländereien werden die unteren Zweige der Ulmen abgefressen und damit das Entwicklungshabitat der Raupen zerstört. Das für den Ulmenzipfelfalter wichtige Kleinklima im Bereich bodennaher Äste ist warm-feucht und somit vom Großklima des Stromtales verschieden.

In der Talaue der Elbe leben noch vier weitere Zipfelfalterarten. Sie alle sind in ihrem Bestand gefährdet. Durch die Zeichnung auf der Unterseite ihrer Hinterflügel lassen sie sich eindeutig unterscheiden. Ansonsten ist das Erscheinungsbild und die Biologie aller vier Arten recht einheitlich. Unterschiedlich sind allerdings die ökologischen Ansprüche.

Der **Schlehenzipfelfalter** (*Strymonidia pruni*) fliegt bereits ab Mitte Juni. Er besiedelt mit **Schlehe** (*Prunus spinosa*) und **Traubenkirsche** (*Prunus padus*) durchsetzte Hecken und Waldmäntel. Als Blütenfresser sind die Raupen auf blühfähige Sträucher angewiesen. Die Zeit der Verpuppung fällt mit dem Ende der Schlehenblüte zusammen.

Der **Nierenfleck** (*Thecla betulae*) ist die Zipfelfalterart mit der spätesten Flugzeit. Sie reicht von Ende Juli bis in den September hinein. Als Nahrungsspezialist lebt auch seine Raupe an Schlehe, jedoch an den Blättern. Er besiedelt windgeschützte Hecken im Vorland wie auch in der Marsch, aber auch kleine Schlehensträucher am Rande der Sanddünen.

Die wärmebedürftigste Zipfelfalterart ist der **Braune Eichenzipfelfalter** (*Strymonidia ilicis*), der sich als Raupe an vollsonnig wachsenden Eichenbüschen entwickelt. Dagegen lebt die Raupe des **Blauen Eichenzipfelfalters** (*Thecla quercus*) an den unteren Ästen alter **Eichen** (*Quercus robur*), die auf trockenwarmen Sanddünen wachsen. Sie befrisst anfangs Blüten, später den zarten Laubaustrieb. Die Falter schwärmen um die Eichenkronen und saugen gern an Honigtau, wie dies auch der Ulmenzipfelfalter gerne tut.

Der Nierenfleck (Thecla betulae), links das Weibchen, rechts das Männchen.

Die **Ockergelbe Escheneule** (*Atethmia centrago*) ist ein Nachtfalter aus der Familie der Eulenfalter (*Noctuidae*). Diese vorderasiatisch-mediterrane Art erreicht im Elbtal seine Verbreitungsgrenze. Als "Baumkronenart" besiedelt der Falter die Hartholzaue. Die kurze Flugzeit dauert von Ende August bis Mitte September. Die Raupe der Escheneule ist ein Nahrungsspezialist und auf das Vorkommen alter, blühfähiger **Eschen** (*Fraxinus excelsior*) angewiesen.

Im September legen die weiblichen Falter die Eier einzeln oder in kleinen Gruppen an Blütenknospen ab. Die Raupen schlüpfen – anders als oft in der Fachliteratur angegeben – im Oktober bei luftfeuchter Witterung aus dem Ei und bohren sich zwischen die Knospenschuppen. Dort überwintern sie. Im folgenden Frühjahr frisst die Jungraupe die treibende Blütenknospe aus und wächst dank bester Futterqualität schnell heran. Bereits Anfang Mai ist sie zu groß, um sich noch im Blütenstand verbergen zu können. Deshalb versteckt sich die nachtaktive Raupe tagsüber unter der Laubstreu am Fuß der Eschen. In der Abenddämmerung kriecht sie zum Fressen die Stämme empor. Bereits Mitte Mai fertigt sich die erwachsene Raupe in der oberen Bodenschicht einen Kokon, in dem sie den Sommer verbringt, sich aber erst Anfang August verpuppt.

Anders als die fünf Zipfelfalterarten, deren Entwicklungsstadien sich oberhalb des Erdbodens an Sträuchern und Bäumen befinden, ist die **Ockergelbe Escheneule** (*Atethmia centrago*) bei Sommerhochwässer der Elbe gefährdet.

Während die Zipfelfalter ihre Feinde mit einem falschen Kopf täuschen, bedienen sich die **Glasflügler** (*Sesiidae*) einer anderen List: Mit glasig transparenten Flügeln und gelben oder roten Ringen auf dem Hinterleib sind diese Falter wehrhaften Wespen oder Hornissen täuschend ähnlich (Mimikry). Obwohl selbst nicht mit einem Giftstachel ausgestattet, werden die Glasflügler von Vögeln und anderen Fressfeinden gemieden.

Im Elberaum sind 19 Arten Glasflügler nachgewiesen, von denen der **Pappel-Hornissen-Glasflügler** (*Sesia apiformis*) und der **Weiden-Hornissen-Glasflügler** (*Sesia bembeciformis*) die auffälligsten sind. Beide Arten sind nicht nur in Aussehen und Größe einer Hornisse gleich, sie brummen auch so.

Als Raupe haben die Glasflügler eine endophage Lebensweise. Sie entwickeln sich – oft mehrjährig – im Inneren von Ästen, Stämmen und Wurzelstöcken.

Auch unter den Schmetterlingen gibt es Arten, die im Untersuchungsgebiet an die Grenzen ihrer Verbreitungsareale stoßen. Vor allem östliche und südöstliche Faunenelemente erreichen hier ihre natürlichen Arealgrenzen.

Auf den Dünen und an den Geesträndern entwickeln sich **Resedaweißling** (*Pontia daplidice*), **Kleines Ochsenauge** (*Hyponephele lycaon*), **Eisenfarbiger Samtfalter** (*Hipparchia statilinus*), **Rostbraunes Wiesenvögelchen** (*Coenonympha glycerion*) und der **Silbermönch** (*Cucullia argentea*), dessen Raupe nur an **Feldbeifuß** (*Artemisia campestris*) über vegetationslosem Boden frisst. Das **Weißfleck-Widderchen** (*Syntomis phegea*) bildet im Elbtal an seiner nordwestlichen Verbreitungsgrenze jahrweise lokale Populationen mit bemerkenswerter Stärke aus. Als Nahrungsspezialisten an **Vogelwicke** (*Vicia cracca*) bzw. an **Beerentaubenkropf** (*Cucubalus baccifer*) entwickeln sich in den Säumen der Hecken und Gebüsche der **Prächtige Bläuling** (*Polyommatus amandus*) und der **Beerentaubenkropf-Kapselspanner** (*Perizoma lugdunaria*). Faunistische Besonderheiten sind der in Feuchtbiotopen lebende **Zünsler** (*Ostrinia palustralis*) und der **Gold-Dickkopf** (*Carterocephalus silvicolus*), eine typische Auwaldart.

Der **Gelbe Ginsterkrautspanner** (*Isturgia limbaria*) und die **Geißblatt-Kappeneule** (*Xylocampa areola*), zwei westeuropäische Arten, erreichen im Elbtal ebenfalls die Grenze ihres Verbreitungsareals. Der **Eulenfalter** weist lokal in feuchten Wäldern individuenstarke Populationen auf, während nordöstlich des Elbtals nur noch wenige Falter beobachtet werden. Auch die Vorkommen der **Ockergelben Escheneule** liegen an der Ostgrenze des Verbreitungsgebietes. Deutlich isoliert von diesem Hauptareal sind nur noch einige zersplitterte Kleinareale südöstlich von Berlin bekannt.

Die zoogeographische Sonderstellung des Elbtales konnte erst jüngst wieder belegt werden. So gelang im Juli 1990 der Erstnachweis der Schmetterlingsart *Paranthrene insolita*. Zum Zeitpunkt der Entdeckung befand sich der nächste bekannte Flugplatz dieses **Glasflüglers** (*Sesiidae*) in Deutschland in der Umgebung der oberbayrischen Stadt Rosenheim.

Ockergelbe Escheneule (Atethmia centrago), links die Raupe, rechts ein Weibchen.

Urtiere im Schlammgrund

Die Qualmwasserlebensräume der Elbtalniederung können aufgrund ihrer zeitlich begrenzten Existenz nur von spezialisierten Tierarten besiedelt werden. Besonders charakteristisch für sie ist eine Reihe entwicklungsgeschichtlich alter Krebsarten. Sie haben in derartigen Gewässern bis in unsere Zeit überdauern können, weil die Konkurrenz anderer Arten fehlte, sie selbst aber hervorragend an die ungewöhnlichen Lebensbedingungen ihrer Gewässer angepaßt sind. Alle diese Krebse entwickeln dort, wo sie auftreten, große Individuenzahlen.

Eines der interessanten Urtiere ist der bis zu drei Zentimeter große **Kiemenfuß** (*Siphonophanes grubei*). Im zeitigen Frühjahr, wenn manchmal noch das Wasser vom Eis bedeckt ist, wird er aktiv. Dann sieht man die bunten, grün, bläulich und rötlich gefärbten Krebse in großer Zahl in den Qualmwasserlebens-räumen lichter Auwälder im Wasser schweben. Sie schwimmen auf dem Rücken und nehmen mit einem komplizierten Filterapparat, der von den blattförmigen Beinen gebildet wird, Nahrungspartikelchen aus dem Wasser auf. Die Weibchen sind an einem am Körper getragenen Eibeutel zu erkennnen. Die Eier sinken in den Schlamm, trocknen ein und überdauern hier bis zum nächsten Frühjahr.

In Lebensweise und Aussehen ähnelt dem Kiemenfuß der nahverwandte, etwas kleinere Krebs *Tanymastix stagnalis*. Bei ihm handelt es sich jedoch um eine Sommerform, die sich das Auftreten sommerlicher Hochwässer an der Elbe zunutze macht.

Geradezu archaisch sieht der **Schuppenschwanz** (*Lepidurus apus*) aus. Er kann mit dem Kiemenfuß vergesellschaftet sein, bevorzugt jedoch Senken im Grünland. Sein Körper ist von einem drei Zentimeter langen Schild bedeckt, unter dessen Ende der mit zwei langen Fäden versehene Hinterleib hervorragt. Vorn sind zwei Facettenaugen deutlich zu erkennen. Das Tier ist grünlich-braun

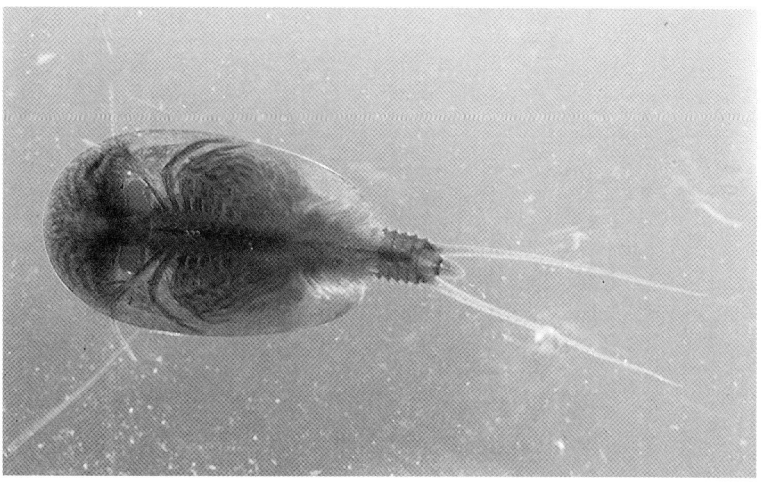

gefärbt. Im Gegensatz zum Kiemenfuß ist der Schuppenschwanz ein räuberisches Tier. Er hat scharfe Kieferschneiden und erbeutet am Boden kriechend Froschlaich, Kaulquappen, erschöpfte Kiemenfußkrebse oder Insektenlarven.

Diese Krebsart vermehrt sich im Norden Europas als Zwitter. Im Süden dagegen treten getrennt geschlechtige Individuen auf. Es werden Dauereier gebildet, die die sommerliche Austrocknung der Qualmwasserbereiche überstehen. Erst im darauffolgenden Frühjahr beginnt nach dem Schlupf der Larven eine neue Aktivitätsphase.

Mit noch zu erforschenden Geheimnissen umwoben ist die Biologie eines weiteren Krebses, des **Hüpferlings** (*Hemidiaptomus superbus*). Diese Art wurde bislang nur an zwei Stellen in Deutschland gefunden, nämlich 1895 im Biederitzer Busch im Elbtal bei Magdeburg sowie 1975 und 1976 in der Gartower Elbmarsch. Der Krebs hat mit etwa fünf Millimeter Körperlänge eine für einen Hüpferling stattliche Größe. Er ist prächtig rötlich bis violett gefärbt. Genaueres über seine Lebensweise, ins-

besondere aber die speziellen Faktoren, die seine Entwicklung und das Schlüpfen aus den Dauereiern auslösen, sind bislang unbekannt.

In flachen Tümpeln, die im Sommer austrocknen (oben), überleben die Eier von Schuppenschwanz (links) und Kiemenfuß (Mitte) bis zum nächsten Frühjahrshochwasser.

93

Kleinodien am Elbufer

Gemeinhin werden die für Mensch und Tier extremen Lebensbedingungen im Elbtal anhand der Hochwasserspitzen deutlich. Allzu leicht wird dabei vergessen, dass zur biologischen Dynamik des Stromes auch die extrem niedrigen Wasserstände im Spätsommer gehören. Denn gerade der Wechsel von ungewöhnlich hohen und extrem niedrigen Wasserständen umfaßt die ganze Spannweite auentypischer Lebensbedingungen und schafft die Grundlage für die Existenz der Fülle von Pflanzengesellschaften. Leider werden die kurzlebigen Vegetationsformen niedriger Wasserstände meist nur wenig beachtet.

Am besten läßt sich die sogenannte Ufer- und Schlammbodenflora im Spätsommer studieren, wenn die Trockenzeit am Elbstrand breite Sandbänke und an den Altwässern uferbegleitende Schlickzonen geschaffen hat. Dort liegt dann das Keimbett für eine große An-

Unten: Schlammlingsgesellschaft in ausgetrocknetem Brack (NSG "Alandniederung").

Rechts: Der Echte Wasserschlauch - eine fleischfressende Pflanze nährstoffreicher Gewässer.

zahl von Pflanzenarten, die oftmals floristische Kostbarkeiten darstellen, deren sichere Artdiagnose jedoch gute Kenntnisse voraussetzt.

Je nach Wuchsplatz unterscheidet sich diese Pioniervegetation im Artenspektrum und in der Zusammensetzung ganz erheblich. Am wuchsfreudigsten sind die nährstoffreichen Schlickzonen der Altarme, Bracks und Altwässer; lückiger und zumeist niedrigwüchsiger dagegen die der sandreichen Uferwälle.

Zunächst zu den Schlammbänken der Altwässer: Versucht man von der Uferlinie der Mittelwasserstände an den Wasserrand des Restgewässers vorzudringen, so sind fürs erste Seggenriede und bis über einen Meter hohe **Zweizahnfluren** zu durchqueren. Zahlreich heften sich dabei die stiefelknechtförmigen Klettfrüchte des **Zweizahns** (*Bidens spec.*) an die Kleidung des Naturfreundes, der nun unfreiwillig die Samenverbreitung dieser Pflanzen fördert.

Die vorgelagerten, frisch trockengefallenen Uferflächen mit ihrem unvergleichbaren Duft spätsommerlichen Schlicks sind überzogen von niedrigwüchsigen **Schlammkraut-** und **Zwergbinsengesellschaften**. Hier lohnt es, sich tief hinunterzubeugen, um wahre Kleinodien zu entdecken. Nur wenige Zentimeter hoch wachsen und blühen dichte Teppiche der **Nadelbinse** (*Eleocharis acicularis*), des **Schlammlings** (*Limosella aquatica*), des **Braunen Zyperngrases** (*Cyperus fuscus*) und des **Sumpfquendel** (*Peplis portula*). Die Blüten dieser Arten sind meist nur millimetergroß mit winzig kleinen, dafür überaus zahlreichen Samen, die als "Körnchenflieger" sogar mit dem Wind transportiert werden können. Neben der Verbreitung durch das Wasser steht ihnen noch die besonders wirksame Form des Samentransportes durch Watvögel zur Verfügung. Beim Stochern nach Nahrung im nährstoffreichen Substrat bleiben an Schnäbeln und Zehen Samen kleben und gelangen so über weite Strecken in das nächste Feuchtgebiet. Bei genauer Betrachtung läßt sich sogar im vorgelagerten, frischen Schlick eine weitere, extrem artenarme Pioniergesellschaft ausmachen, die aus winzigen Laub- und Lebermoosen sowie der stecknadelkopfgroßen **Kugelalge** (*Botrydium granulatum*) besteht. Am ehesten wird man noch bei vollkommener Austrocknung der Gewässer auf sie aufmerksam, wenn beim achtlosen Hinüberlaufen knackende Geräusche aufplatzender Algen unter den Füßen entstehen.

In den Flussuferfluren des sandigen Elbufers dominieren vor allem **Gänsefußarten**, **Melden** und **Knöteriche**. Wo Treibsel und Tonminerale zusammengeschwemmt sind, wachsen auch sie meterhoch und üppig, ansonsten bleibt die Vegetation meist lückig. Neben den häufigen Arten wie **Roter Gänsefuß** (*Chenopodium rubrum*), **Spieß-Melde** (*Atriplex hastata*), **Feigenblättriger Gänsefuß** (*Chenopodium ficifolium*) und **Ampfer-Knöterich** (*Polygonum brittingeri*) finden sich auch eine Reihe in Nordwestdeutschland seltener Pflanzen, wie zum Beispiel die nur wenige Zentimeter hohe **Igelsamige Schuppenmiere** (*Spergularia echinosperma*), der **Hirschsprung** (*Corrigiola littoralis*), der hochwüchsige **Andorn-Löwenschwanz** (*Leonurus marrubiastrum*) oder die **Langblättrige Ehrenpreis** (*Veronica longifolia*). Zu den hervorstechenden Eigenschaften der Uferfluren entlang des Stromes gehört jedoch ihre im besten Sinne des Wortes große "Weltoffenheit". Neubürger in der Pflanzenwelt wurden schon seit Hunderten von Jahren bereitwillig aufgenommen und fanden hier gute Wachstumsbedingungen vor. Manche von ihnen kamen und gingen wieder, andere bürgerten sich fest ein und gehören wie die **Elbe-Spitzklette** (*Xanthium albinum*) und die **Pappel-Seide** (*Cuscuta lupuliformis*) heute zu den ständigen Mitgliedern dieser Pflanzengesellschaft.

Elbe-Spitzklette am Sandufer des Stromes.

Der Biber – Praktiker unter den Ökologen

Als der erste Biber 1990 seine Spur am niedersächsischen Elbufer hinterließ, wollten Experten ihren Augen zunächst kaum trauen. Die Abdrücke im Ufersand des Stromes bei Gorleben erinnerten an die Spur einer Meeresschildkröte, doch die unverwechselbare Schleifspur der Kelle zwischen den Füßen ließ keinen Zweifel aufkommen: es war tatsächlich die Spur eines Bibers. Etwas damals kaum Vorstellbares war geschehen: Die seit geraumer Zeit in Mecklenburg-Vorpommern, Brandenburg und Sachsen-Anhalt zu beobachtende Arealausweitung des **Elbebibers** (*Castor fiber albicus*) hatte nun auch – offensichtlich durch den Fall der DDR-Grenzanlagen begünstigt – den Kreis Lüchow-Dannenberg im äußersten Nordostzipfel Niedersachsens erreicht. Beispielsweise benötigte der Biber gerademal zehn Jahre, um sich an allen geeigneten Plätzen des Elbtals zwischen Schnackenburg und Gorleben wieder zu etablieren. Nicht nur ein Dutzend neu errichteter Burgen an den Ufergehölzen von Elbe, Aland und Seege verraten inzischen seine Anwesenheit – auch frisch gefällte Weichhölzer

an benachbarten Kleingewässern während des Winterhalbjahres lassen keinen Zweifel: Der Biber ist wieder da! Eine seit vielen Jahrzehnten ausgestorbene Tierart hat erfolgreich ein ehemaliges Verbreitungsgebiet wieder besiedelt. Denn einst war die Art über ganz Europa verbreitet, aber das Fleisch der Biber, ihr Pelz und ein stark riechendes Drüsensekret wurden in den vergangenen Jahrhunderten von Adel und Klerus so teuer bezahlt, dass durch rücksichtslose Bejagung die Ausrottung drohte. Zu Beginn des 17. Jahrhunderts, als die Bestände schon stark dezimiert waren, unternahm man bereits erstmals Wiederansiedlungsversuche in Schleswig-Holstein. 1925 zählte man im gesamten

Der Biber (links) konnte an der Elbe vor dem Aussterben bewahrt werden. Ehemalige Lebensräume eroberte er zurück. Mit etwas Glück sieht man im lockeren Sand des Flussufers die typischen Biberspuren (oben), die durch den über den Boden schleifenden Biberschwanz entstehen.

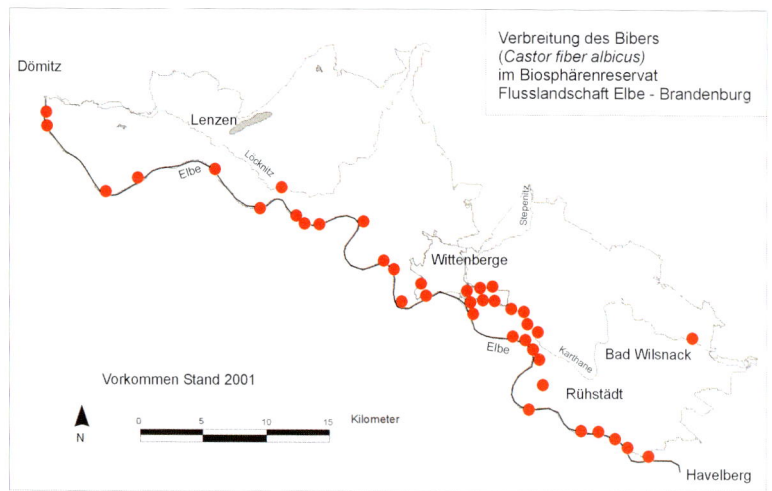

Dömitz

Lenzen

Löcknitz

Elbe

Stepenitz

Wittenberge

Elbe

Karthane

Bad Wilsnack

Rühstädt

Vorkommen Stand 2001

Havelberg

N

0   5   10   15   Kilometer

Stromlauf der Elbe nur noch 100 Biber, und nach einem weiteren Bestandseinbruch zur Zeit des Zweiten Weltkrieges blieb kaum noch Hoffnung für die Art.

Mitte der fünfziger Jahre wurde der Elbebiber endlich auf die Liste der vom Aussterben bedrohten Tierarten gesetzt. Den staatlichen Schutzmaßnahmen in der ehemaligen DDR – einschließlich einer gezielten Biotoppflege mit umfangreichen Weichholzaupflanzungen – ist es zu verdanken, dass der Biberbestand in den sechziger Jahren kontinuierlich anstieg. 1973 konnten an der Elbe immerhin 400 Ansiedlungen festgestellt werden, und 1977 war die Population sogar auf 600 Biber gestiegen. Diese "Keimzelle" machte die erneute Arealausweitung nach Nordwesten möglich. Im Kreis Havelberg ist der Biber seit den achtziger Jahren sesshaft, in Niedersachsen seit 1990. Sieben Jahre später gab es im gesamten Biosphärenreservat bereits rund 3.500 Elbebiber und seit dem dürfte der Bestand vor allem im nordwestlichen Teil erneut angewachsen sein.

Die Ausbreitung des Bibers bis in die Stromaue der unteren Mittelelbe ist ein großer Erfolg. Intensive Landwirtschaft und rigorose Gewässerunterhaltung haben lange dafür gesorgt, dass aus unseren Bächen leblose Gräben ohne jegliche Ufervegetation wurden. Heute ist das Interesse an der wirtschaftlichen Nutzung ufernaher Überschwemmungszonen geringer, die Weichholzaue kann sich wieder ausbreiten. Davon profitiert der Biber. Im Oberlauf der Elbe ist nun zu beobachten, wie sich die natürliche Fruchtbarkeit im Überschwemmungsbereich rund um die Biberburgen erhöht. Durch die Rückhaltung der Bodenkrume und die Auflandung von Nährstoffen wird auf natürliche Weise ein Lebensraum geschaffen, der typischen Auwaldgewächsen wie Schilf, Knöterich, Pappeln und Weidenschösslingen ideale Standortbedingungen schafft.

Wie die Schutzmaßnahmen auch anderen Tierarten zugute kommen, zeigt sich auch darin, dass dort, wo Biber die Gewässer besiedeln, schon bald auch die Bestände anderer gefährdeter Arten zunehmen. Ein Beispiel ist das Anwachsen der Bestände des **Fischotters** (*Lutra lutra*) an der Elbe. Weitere hoch gefährdete Tierarten wie **Schwarzstorch** (*Ciconia nigra*), **Kranich** (*Grus grus*), **Wasserspitzmaus** (*Neomys fodiens*) und **Iltis** (*Mustela putorius*) profitieren ebenfalls vom Vorkommen dieses Säugers. Biberschutz ist Biotopschutz im umfassendsten Sinne.

Typische Fraßspuren des Bibers.

Gefährdung und Schutz

Biosphärenreservat Flusslandschaft Elbe

Die untere Mittelelbe zwischen Lauenburg und Havelberg war lange Zeit ein abgeschiedenes Stück Deutschland, ein Grenzland und Zonenrandgebiet. Auf niedersächsischer Seite kam es mit dem Widerstand der Menschen gegen den Bau einer Atommüllwiederaufbereitungsanlage in Gorleben als "Freie Republik Wendland" in die Schlagzeilen. Doch schon vorher war diese Elblandschaft ein Geheimtipp für Naturliebhaber. Fernab von großen Ballungszentren und abseits der wichtigsten Verkehrs-

adern fanden sie hier auf der westlichen Elbseite ein Rückzugsgebiet.

Die Menschen hatten sich mit der Grenzsituation eingerichtet, jedoch nicht abgefunden. Die Aussichtstürme diesseits der innerdeutschen Grenze boten freien Blick auf eine weitgehend unbesiedelte Landschaft. Hoch aufragend leuchtete die Binnendüne bei Klein Schmölen, weit erstreckten sich die Flächen der Lenzer Wische und die Deichvorländereien bei Wehningen und Strachau ins Land. Eine große ökologische Vielfalt war zu vermuten, und nach den heutigen Erkenntnissen profitierte nicht nur die niedersächsische Weißstorchpopulation von der großen Bestandsstärke auf der anderen Seite, es wanderten sogar einzelne Biber, Fischotter und Seeadler nach Niedersachsen ein. Die Elbe war nun zur Grenze ideologischer Weltanschauungen geworden, aber die biogeographische Lage im Schnittpunkt östlicher und westlicher Verbreitungsareale ermöglichte gerade hier den Fortbestand zahlreicher Tier- und Pflanzenarten.

Links: Die Stadt Schnackenburg war lange Zeit der "östlichste Vorposten" Niedersachsens – isoliert am Rande der innerdeutschen Grenze. Rechts oben: "Tiere der Elbtalaue" bitten den niedersächsischen Ministerpräsidenten Schröder um einen konsequenten Elbtalschutz. Der Ort Rüterberg (unten) westlich von Dömitz lag jahrzehntelang isoliert im engeren Sperrgebiet der DDR. Heute zieht er viele naturverbundene Besucher an.

Bereits im Schatten der Mauer waren auf westlicher Elbseite die ersten Naturschutzaktivitäten angelaufen. Das Urstromtal der Elbe war mit Unterstützung der Naturschutzverbände entsprechend der Ramsar-Konvention von 1971 zu einem Feuchtgebiet von internationaler Bedeutung erklärt worden. 1979 wurde die Gartower Elbmarsch in das Förderprogramm des Bundesumweltministeriums zur "Sicherung schutzwürdiger Teile von Natur und Landschaft mit gesamtstaatlich repräsentativer Bedeutung" aufgenommen. Umgesetzt wurde das Programm vom Naturschutzbund Deutschland (NABU) Landesverband Hamburg, der seit 1973 im Elbniederungsgebiet naturschützerisch tätig ist. Ziel der Bemühungen war die Schaffung eines Biotopverbundsystems aller elbtaltypischen Lebensräume in einem besonders artenreichen Flusstalabschnitt. 1982 war dieser Förderstatus endlich auch für die Dannenberger Marsch erreicht, wenngleich die Finanzmittel – auch aus politischen Gründen – bis heute noch nicht eingesetzt wurden.

Die Zeit nach der Wende - der Traum vom Nationalpark

Im Herbst 1989 änderte sich die Situation schlagartig. Mit Öffnung der innerdeutschen Grenze wurde die Elbe plötzlich passierbar. Mitarbeiter der BUND-Kreisgruppe Lüchow-Dannenberg besuchten umgehend die andere Elbseite, knüpften Kontakte zu dortigen Naturfreunden und verschafften sich durch grobe Bestandsaufnahmen einen Überblick über den Naturraum von Boizenburg bis Havelberg. Sofort wurde klar, dass ein Schutz dieser Region nur länderübergreifend und großräumig zu verwirklichen sein würde.

Die euphorische Stimmung der ersten Monate nach der Wende wurde nun tatkräftig genutzt. Es galt, möglichst große Teile der naturnah verbliebenen Grenzzone naturschutzrechtlich zu sichern. Schnelligkeit war gefordert, um nicht wieder den Entwicklungen im Straßenbau, in der Landwirtschaft und im Fremdenverkehr hinterherzuhinken. Unzählige Gespräche und Verhandlungen mit bisher kaum organisierten ehrenamtlichen und behördlichen Naturschutzvertretern der damaligen DDR wurden geführt. Innerhalb weniger Wochen entwickelten die Naturschützer zusammen mit Vertretern der Landkreise Hagenow und Ludwigslust ein gemeinsames Konzept zur Schaffung eines grenzübergreifenden Nationalparks. Allzu häufig war die trennende Macht des Stromes zu spüren: "Wie oft habe ich bei fehlender Telefonverbindung, langen Postwegen und durch Hochwasser blockierten Fährverbindungen über den wahren Wert der Brieftaube nachgedacht", erinnert sich Dr. Frank Neuschulz auf einer Tagung im April 1990.

Es waren hektische Tage, aber bereits Ende 1989 war ein erster Vorschlag zum Schutz der Elbtalaue verfasst und von allen beteiligten Umweltvertretern unterzeichnet. Am 20. Februar 1990 wurde das Schutzkonzept im Rahmen einer "deutsch – deutschen Elbfahrt", organisiert von der BUND Kreisgruppe Lüchow-Dannenberg und unterstützt von der Stiftung Europäisches Naturerbe (EURONATUR), einer breiten Öffentlichkeit vorgestellt. Die symbolträchtige Flussfahrt lockte zur Freude der Organisatoren immerhin 30 Pressevertreter sowie vier Fernsehanstalten an Bord. In einer Presseerkärung wandten sich der BUND und die Naturschutzbeauftragten der Landkreise Perleberg, Ludwigslust und Hagenow an die zuständigen Umweltminister, die Niedersächsische Landesregierung und an die Bezirksräte aus Magdeburg und Schwerin und forderten die Ausweisung eines

Acht Jahre bis zum Nationalpark „Elbtalaue" – dessen jähes Ende und der Start als Biosphärenreservat Flusslandschaft Elbe

März 1990	Bundesumweltminister Töpfer bezeichnet Großschutzgebiete als „Tafelsilber der Nation"
20.02.1990	„Deutsch-deutsche Elbfahrt", der BUND stellt erstes Konzept für einen länderübergreifenden Nationalpark vor
19.03.1990	Umweltministerkonferenz: Elbanliegerländer befürworten Nationalpark
26.01.1991	1.Fachtagung „Nationalpark Elbtalaue – Chance für die Region" in Bleckede; Veranstalter: BUND, NABU, EURONATUR
Aug. 1991	„Ein Schiff für die Umwelt", die „Labe" fährt von Prag bis Cuxhaven
11.11.1991	Umweltministerkonferenz: Gemeinsame Erklärung der Elbanliegerländer zur Ausweisung eines Großschutzgebietes „Elbtalaue"
2.12.1991	Gründung des „Fördervereins Nationalpark Elbtalaue"
1.02.1992	2. Fachtagung „Nationalpark Elbtalaue – Aktuelles, Forschung, Perspektiven" in Hitzacker; Veranstalter: BUND und EURONATUR
31.03.1992	Konstituierung einer Arbeitsgruppe der Elbanrainerländer laut Beschluss der Umweltministerkonferenz vom 11.11.1991. Die meisten Länder favorisieren den Status eines Biosphärenreservats für das Großschutzgebiet
1.06.1992	Der Kreistag Lüchow-Dannenberg befürwortet Nationalpark
22.06.1992	Der Lüneburger Kreistag spricht sich für den Nationalpark aus
1.03.1993	Umweltministerkonferenz in Hitzacker: Elbanliegerländer beschließen die Schaffung eines länderübergreifenden Großschutzgebietes zwischen Sassendorf und Quitzöbel
17.09.1993	Sachsen-Anhalt beschließt die Einrichtung eines Biosphärenreservats „Flusslandschaft Elbe"
27.06.1994	„Dömitzer Erklärung": Die Umweltminister Niedersachsens, Brandenburgs und Mecklenburg-Vorpommerns bekräftigen ihren Willen zur Ausweisung eines länderübergreifenden Großschutzgebietes mit integriertem Nationalpark
20.01.1995	Das Forum „Elbtalaue" nimmt in Hitzacker seine Arbeit auf
Mai 1995	Eröffnung einer Informationsstelle des niedersächsischen Umweltministeriums in Bleckede
Feb. 1997	Das Forum „Elbtalaue" beschließt Empfehlungen an die Landesregierung
Juli 1997	Die Kabinettsbeschlüsse der Anrainerländer zum Biosphärenreservat liegen vor. Die Antragstellung bei der UNESCO erfolgt
5.06.1997	Gründung des „Vereins zum Schutz der Kulturlandschaft und des Eigentums im Elbtal" – die Gegner des Nationalparks formieren sich
5.08.1997	Die Landesregierung in Niedersachsen beschließt den Verordnungsentwurf zum Nationalpark „Elbtalaue"
Nov. 1997	Anerkennung des Biosphärenreservats „Flusslandschaft Elbe" durch die UNESCO
20.01.1998	Die niedersächsische Landesregierung beschließt Verordnung zum Nationalpark „Elbtalaue"
3.12.1998	Festakt zur offiziellen Einweihung des Nationalparks
22.02.1999	Das Oberverwaltungsgericht Lüneburg kippt den Nationalpark, eine Revision wird nicht zugelassen
20.03.1999	Der Umweltminister Brandenburgs gibt in Lenzen das Biosphärenreservat Flusslandschaft Elbe-Brandenburg bekannt
15.01.2001	Die Umweltministerien der Länder Brandenburg, Mecklenburg-Vorpommern und Sachsen-Anhalt beschließen die Schaffung einer länderübergreifenden Koordinierungsstelle für das Biosphärenreservat mit Sitz in Havelberg
12.02.2002	Offizielle Eröffnung der Koordinationsstelle in Havelberg
23.10.2002	Niedersachsen beschließt per Gesetz das Biosphärenreservat

grenzübergreifenden "Nationalparks Elbtalaue" zwischen Lauenburg und Werben.

Kernpunkte des vorläufigen Konzepts waren der Erhalt bzw. die Schaffung eines Flächenverbundes der verschiedenen Landschaftselemente und Lebensräume, die Sicherung des feuchten Dauergrünlands sowie die Entwicklung kontrollierbarer Be- und Entwässerungssysteme in landwirtschaftlich genutzten Gebieten. Ein längerfristig angelegtes Gesamtkonzept sollte die Entwicklung eines natur- und umweltverträglichen Fremdenverkehrs sicherstellen. Weiterer Schwerpunkt war der Erhalt der Dörfer mit ihren traditionellen Fachwerkhäusern und den dorftypischen Lebensräumen. Die Beteiligten stimmten darin überein, dass auf der Grundlage der in der Bundesrepublik gültigen Naturschutzgesetze nur der Nationalpark einen Schutzstatus ermöglicht, der diesem Naturraum gerecht werden würde und zudem wirtschaftliche Perspektiven für diese Region bieten könnte.

Auf mehreren Ebenen wurde nun versucht, den Naturschutzgedanken und die Errichtung eines Nationalparks Elbtalaue voranzutreiben. Naturschutzfachliche Arbeit war die Grundlage des weiteren Vorgehens. Mit Kenntnis der Verhältnisse auf westlicher Elbseite wurde von den Biologen Heide Filoda, Dr. Frank Neuschulz und Prof. Horst Wilkens noch im Jahr 1990 ein detailliertes Zonierungskonzept für einen Nationalpark Elbtalaue erarbeitet. Rund 30 ganztägige Erkundungsfahrten brachten eine Fülle von Daten. Parallel konnten durch direkte Vergabe von Gutachten fachliche Stellungnahmen zur Schutzwürdigkeit der Elbtalaue eingeholt werden. Ein Gutachten hatte zum Ziel, die Verteilung von Nahrungsflächen des Weißstorchs im Elbtal zu ermitteln. In

Anfang der 90er Jahre trafen sich mehrfach die Umweltminister der Elbanrainer, um den Schutz der Elbauen zu erreichen. Auf dem Foto die damaligen Umweltminister Monika Griefahn (Niedersachsen) und Matthias Platzek (Brandenburg) am 1. März 1993 in Hitzacker.

Bauernprotest am Ortseingang von Wussegel.

einem zweiten Gutachten galt es, eine aktuelle Auswertung von Zugvogeldaten vorzunehmen.

Das Ergebnis der geleisteten Arbeit der Naturschützer aus Ost und West war überwältigend. Bereits im Mai 1990, im Zeichen der Übergangsregierung, konnten 24.000 ha biologisch wertvoller Flächen – praktisch das gesamte Elbvorland der östlichen Seite – sichergestellt und als Naturschutzgebiete ausgewiesen werden. Ein Faltblatt mit dem Titel "Naturreservat Elbtalaue" wurde veröffentlicht und gibt erstmals einen umfassenden naturräumlichen Überblick über das Gebiet auf beiden Seiten der Elbe.

Nunmehr, bald ein Jahr nach der Wende, galt es, die politische Diskussion um einen Nationalpark voranzutreiben.

Die niedersächsische Landtagswahl stand vor der Tür. Unzählige Pressetermine waren anberaumt worden, und noch während der Wahlkampfperiode

sollten die einzelnen Fraktionen über das vorläufige Schutzkonzept eines Nationalparks Elbtalaue informiert werden. Gespräche mit Vertretern der jeweiligen Landtagsfraktionen, den Verwaltungsbeamten sowie Vertretern der Landwirtschaft, der Forstwirtschaft und der Wasser- und Deichverbände wurden geführt. Nach der Wahl im Oktober 1990 änderten sich die Mehrheitsverhältnisse im Niedersächsischen Landtag. Große Erwartungen setzte man in die neue Umweltministerin Monika Griefahn. Sie hatte sich schon frühzeitig für die Einrichtung eines Nationalparks Elbtalaue ausgesprochen.

1991 stand auch die Kommunalwahl in Niedersachsen ins Haus. Im Rahmen des Wahlkampfes wurden wiederum alle Parteien und Wählergruppen intensiv über den geplanten Nationalpark informiert. Die Parteien waren interessiert, positive Aussagen zu diesem Projekt in die jeweiligen Wahlprogramme aufzunehmen. Die Wahl erbrachte in den Landkreisen Lüchow-Dannenberg und Lüneburg eine knappe Mehrheit derjenigen, die sich zuvor für einen Nationalpark ausgesprochen hatten. Im Juni 1992 verabschiedeten die Kreistage dann auch entsprechende Resolutionen.

Medienwirksame Kernpunkte im Rahmen der Öffentlichkeitsarbeit bildeten zwei Fachtagungen der Naturschutzverbände im Winter 1991/92. Mehrere hundert Teilnehmer trafen sich in Bleckede und Hitzacker, um über Chancen, aktuelle Forschungen und Strategien für ein Großschutzgebiet im Elbtal zu sprechen, politische Zeichen zu setzen und Entwicklungsperspektiven für die Elbtalregion aufzuzeigen.

Ungewöhnliche Aktionen runden das Bild der bisherigen Aktivitäten ab: Anlässlich einer Kabinettssitzung im wendländischen Lübeln verliehen Naturschützer ihrer Forderung nach einem Nationalpark auf ganz andere Weise Gewicht. Groß und Klein, Alt und Jung schlüpften in die selbstgebastelten Kostüme heimischer Tierarten und patroullierten vor dem Fenster des Sitzungssaales. Offenkundig angetan von dieser Demonstration sprachen sich Ministerpräsident Gerhard Schröder und Umweltministerin Monika Griefahn auch im Namen des niedersächsisches Kabinetts eindeutig für die Einrichtung eines Nationalparks Elbtalaue aus.

Biosphärenreservat mit integriertem Nationalpark

Die Konferenz hält an dem Ziel der Ausweisung eines Großschutzgebietes in der Elbtalaue fest" – so beschlossen es die Umweltminister der Elbanrainerländer auf ihrem Zusammentreffen am 11. November 1991 in Hannover für die untere Mittelelbe. Es folgten noch zwei weitere Treffen der Umweltminister in den Jahren 1993 (Hitzacker) und 1994 (Dömitz), bei denen der Wille zum gemeinsamen Tun für den Schutz der Elbtalaue wiederholt bekräftigt wurde,

ohne das es jedoch zu konkreten Festlegungen kam. Dem ständigen Drängen unabhängiger Naturschutzvertreter, aufgeschlossenerer Politiker, aber auch von engagierten Mitarbeitern der Naturschutzbehörden der Länder ist es zu verdanken, dass das Thema nicht von der politischen Tagesordnung verschwand und die Umsetzung immer deutlichere Konturen annahm. Parallel wurden nun mehrere Wege beschritten:

Für das Land Niedersachsen war die Ausweisung des Nationalparks Schwerpunkt der Arbeit. So wurden alsbald eine Reihe von Gutachten vergeben, die zum Ziel hatten, die Auswirkungen eines Großschutzgebietssystems im Elbtal für die Bereiche Tourismus, Landwirtschaft, Forstwirtschaft, Wirtschaft und Verkehr zu analysieren und Vorschläge für die Umsetzung einzubringen. Anfang 1995 nahm ein Mediationsverfahren "Elbtal-Forum" seine Arbeit auf. 45 benannte Vertreter unterschiedlicher Interessengruppen aus der Elbregion diskutierten und referierten auf 10 öffentlichen Forumsveranstaltungen und 12 Arbeitsausschusssitzungen über das Für und Wider sowie die konkrete Ausgestaltung der Schutzgebiete im Elbtal. Nach 2jähriger Arbeit konnte das Verfahren mit der Übergabe von "Empfehlungen" an die Landesregierung für das weitere Vorgehen abgeschlossen werden. Einhellig befürwortet wurde die Schaffung eines Biosphärenreservates, strittig blieb, ob dessen Kernzone zum Nationalpark erklärt werden solle. 20 Mitglieder sprachen sich unter Bedingungen dafür, 20 dagegen und 5 enthielten sich. Wenngleich das Votum hinsichtlich des Nationalparkes nicht eindeutig blieb, beschloss die niedersächsische Landesregierung noch im August 1997 einen Verordnungsentwurf zur öffentlichen Auslegung. Die anschließenden Monate bis zur Landtagswahl im März 1998 waren von heftigen, vielfach parteipolitisch motivierten und emotional geführten Auseinandersetzungen vor Ort geprägt. Kurz vor "Toresschluss", schlossen sich die Gegner des Nationalparks – 7 Jahre nach Beginn der 1. Diskussion hierüber! – zu einem Verein zusammen, da sie sich nicht ausreichend "informiert" oder gar politisch "überrumpelt" fühlten. Doch Ministerpräsident Gerhard Schröder und die Umweltministerin Monika Griefahn ließen sich nicht beirren: Am 21. März 1998 wurde der Nationalpark Elbtalaue mit einer Gesamtfläche von 10.900 ha als 14. deutscher Nationalpark festgesetzt. Anfang November nahm eine Schutzgebietsverwaltung mit Sitz in der Elbestadt Hitzacker ihre Arbeit auf.

Das jähe Ende des Nationalparks

Die Freude währte nur kurz. Nur ein Jahr nach dem Bestehen des Nationalparks wurde Realität, was Skeptiker selbst in Naturschutzkreisen insgeheim befürchtet hatten.

Ein Landwirt aus Grippel im Landkreis Lüchow-Dannenberg hatte – unterstützt vom Landvolk-Verband – gegen die Nationalparkverordnung geklagt – und gewonnen! Prozessentscheidend war eine Textpassage im bestehenden Bundesnaturschutzgesetz. Hierin heißt es unter anderem, dass Nationalparke sich "in einem von Menschen nicht oder wenig beeinflussten Zustand befinden" sollen . Vom Richter wurde dieser Satz buchstabengetreu, formal ausgelegt und unter Verweis darauf, dass die Elbtalaue seit Jahrhunderten vom Menschen geprägt und daher keine Natur- sondern eine Kulturlandschaft sei, als nicht gegeben angesehen. Doch wo gibt es in Deutschland überhaupt Naturlandschaften, die nicht vom Menschen beeinflusst sind? Zielt dieses Kriterium nicht eher darauf ab, dass Nationalparke Räume sind, die *im Vergleich*

zu übrigen Landesteilen sehr naturnah sind bzw. sich durch die *Entwicklungsfähigkeit* in Richtung "Naturlandschaft" auszeichnen? Bei strenger Auslegung des Urteils würden alle bisherigen Nationalparke in Deutschland ins Wanken geraten. Der Jurist Werner Fuchs aus Erfurt kommt daher kritisch zum Schluss: " Das Urteil ist gesprochen, den dadurch verursachten Scherbenhaufen aufzuräumen, wird lange dauern".

Vor allem in Sorge um die anderen Nationalparke in Deutschland, aber auch darauf, künftig überhaupt noch solche Schutzgebiete ausweisen zu können, hat das Bundesumweltministerium nun endlich eine Änderung in die Neufassung des Bundesnaturschutzgesetzes hinsichtlich der Nationalpark-Kriterien aufgenommen.

Das Gesetz wurde vom Parlament verabschiedet. Eine erneute Ausweisung eines Nationalparks wäre nun auch juristisch möglich.

Vor Ort fielen die Reaktionen zum Urteil sehr unterschiedlich aus: Während Verbände der Landwirte überwiegend frohlockten, bezeichneten der Kreistag in Lüchow-Dannenberg und die Tourismus-Verbände als "schwarzen Tag für die Region". Viele Landwirte vor Ort waren eher verunsichert und manche fragten in den Tagen darauf besorgt beim Land und der Bezirksregierung nach, ob Zahlungen für Naturschutzauflagen nun ausbleiben würden.

Die Folgen in der niedersächsischen Elbtalregion waren erheblich: Die Landesregierung schien für lange Zeit wie in ein schwarzes Loch gefallen zu sein. Die wichtigsten Aktivitäten zielten zunächst auf den Schutz der bisherigen Nationalparke ab, denen nach dem Urteil nun auch Gefahr drohte. Sehr spät besann man sich in Hannover auf den während der Nationalpark-Debatte allseits begrüßten Schutzstatus Biosphärenreservat und versucht derzeit dieses durch ein Gesetz vom Landtag zu beschließen. Der ehrenamtliche Naturschutz zog sich in der Folge frustriert zurück und hat bis heute noch nicht wieder richtig Fuß gefasst. Kurzum: Der Elbtalschutz im niedersächsischen Elbteil ist aus dem Blickwinkel der Öffentlichkeit rasch durch andere Themen verdrängt worden.

Außerhalb Niedersachsens bestimmte bereits zuvor die Schaffung des Biosphärenreservates Flusslandschaft Elbe die naturschutzpolitische Arbeit. Zunächst wurde federführend durch Sachsen-Anhalt aber in großer Unterstützung durch die Bundesländer Brandenburg, Mecklenburg-Vorpommern, Niedersachsen und Schleswig-Holstein ein gemeinsamer Antrag formuliert und im Frühsommer 1997 nach entsprechenden Kabinettsbeschlüssen der Länder abgeschickt. Die Anerkennung seitens der UNESCO erfolgte ungewöhnlich schnell. Bereits im November des Jahres befürwortete der international

besetzte "Koordinationsrat (ICC)" des Programmes "Der Mensch und die Biosphäre" (MAB) den Antrag und schon am 22. April 1998 erhielten die Vertreter der Länder in Brambach an der Elbe die offizielle Anerkennungsurkunde. Besonders gelobt wurde der gemeinsame Wille der 5 Bundesländer stromübergreifend auf einer Länge von 400 Flusskilometern und einer Fläche von 375.000 ha im nun genannten Biosphärenreservat "Flusslandschaft Elbe" eine nachhaltige Entwicklung der Region unter Wahrung von Natur und Landschaft einzuleiten.

Doch gute Dinge brauchen ihre Zeit! Mit der Umsetzung der UNESCO-Anerkennung in die jeweiligen Ländergesetzgebungen tun sich die Länder – auch aufgrund unterschiedlicher Rechtsgrundlagen – schwerer als vermutet. Als erstes Land erklärte Brandenburg am 20. März 1999 seinen Länderanteil zum Biosphärenreservat. Sachsen-Anhalt benötigt hierfür eine Verordnung und ar-

Links: Im April 1998 überreichte ein Vertreter der UNESCO in Brambach an der Elbe den beteiligten Bundesländern die Anerkennungsurkunde zum Biosphärenreservat Flusslandschaft Elbe.

Oben: Buhnenbau an der Elbe – Belastungsprobe im neuen Biosphärenreservat.

beitet derzeit daran – jedoch zunächst nur für die Hälfte seines bei der UNESCO beantragten Flächenanteils. Die Regierungsfraktion in Niedersachsen will den Schutzstatus per Gesetz erklären und Mecklenburg-Vorpommern bleibt zur Zeit noch beim Status eines Naturparks. Schleswig-Holstein schlußendlich mit seinem winzigen Flächenanteil von knapp 500 ha unterstützt das Vorhaben seit jeher ihrer ideell.

Gutes Zeichen für das gemeinsame Tun: In Havelberg soll alsbald eine Koordinierungsstelle für das länderübergreifende Biosphärenreservat entstehen. Politisch und finanziell getragen wird sie jedoch bisher nur von den drei Bundesländern Brandenburg, Mecklenburg-Vorpommern und Sachsen-Anhalt.

Die Elbe wird sauber

Vom "weißen Fluss", wie die Slawen die Elbe nannten, kann man heute nicht mehr reden. Alle Anrainerländer missbrauchten in der Vergangenheit den Strom rücksichtslos als Abwasserkanal. Ende der 80er Jahre gehörte die Elbe zu den am stärksten belasteten Flüssen Europas. Ihre Wasserbeschaffenheit entsprach damals etwa der des Rheins in den Zeiten der maximalen Belastung zu Beginn der 70er Jahre. Seit Öffnung der innerdeutschen Grenze hat sich diese Situation jedoch sehr positiv verändert. Heute sticht dem Besucher kein Phenolgeruch mehr in die Nase, der von Ahnungslosen vor der Wende manchmal als "typischer Elbgeruch" eingeschätzt wurde. Dennoch, trotz milliardenschwerer Investitionen in den technischen Umweltschutz, von einem wirklich "sauberen" Fluss sind wir noch immer weit entfernt. Wichtigster Wegbereiter für die enormen Verbesserungen der Wassergüte war die "Vereinbarung zum Schutz der Elbe". Sie wurde am 8. Oktober 1990 als erste internationale Vereinbarung des vereinten Deutschlands unterzeichnet und hat heute als Internationale Kommission zum Schutz der Elbe (IKSE) ihre Verwaltungsstelle in Magdeburg. Folgende Hauptziele wurden für die Elbe und ihr Einzugsgebiet vereinbart:

- die Nutzungen, vor allem die Gewinnung von Trinkwasser aus Uferfiltrat und die landwirtschaftliche Verwendung des Wassers und der Sedimente zu ermöglichen,

- ein möglichst naturnahes Ökosystem mit einer entsprechenden Artenvielfalt zu erreichen und

- die Belastung der Nordsee aus dem Einzugsgebiet nachhaltig zu verringern.

Erste wichtige Arbeitsschritte im Rahmen eines "Sofortprogrammes" waren damals:

- der Aufbau eines umfangreichen Messprogramms zur Untersuchung der Wassergüte im gesamten Einzugsgebiet der Elbe, also auch des tschechischen Teiles.

- die Verbesserung der kommunalen Abwassersituation. Dies war dringend notwendig, denn während die Abwässer der Einwohner der alten Bundesländer Deutschlands im Einzugsgebiet der Elbe zu 90,4% in einer biologischen oder weitergehenden Behandlung gereinigt wurden, waren es in der Tschechischen Republik nur 51,3% und in den neuen Bundesländern Deutschlands nur 18,6%.

- Die Verbesserung der industriellen Abwasserbehandlung, da nur 60-70% der zu reinigenden Abwässer in der Tschechischen Republik und in den neuen Bundesländern Deutschlands einer Reinigung zugeleitet wurden. Völlig ungenügend war die Situation vor allem in der

Einleitung von chlorierten Kohlenwasserstoffen und Schwermetallen.

10 Jahre später ist bereits viel geschehen! Hauptsächlich in den technischen Umweltschutz wurden gewaltige Summen investiert. In der Tschechischen Republik und in Deutschland entstanden von 1991-1999 181 neue bzw. modernisierte Kläranlagen. Ohne die Kanalisationskosten kosteten diese ca. 6 Milliarden DM! Wenngleich in der Hektik der Zeit, mit raschen Planungsphasen und hohem Investitionsdruck die eine oder anderen Anlage auch größer als vielleicht im Nachhinein notwendig gebaut wurde, die Belastung der Elbe wurde dadurch vorteilhaft beeinflusst. Durch die Verbesserung der Wasserqualität und der Erhöhung des Sauerstoffgehaltes wird zunehmend auch wieder die biologische Selbstreinigungskraft gestärkt. Weite Überschwemmungsräume mit einer extensiven landwirtschaftlichen Nutzung, Auwälder, Röhrichte und Altwässer besitzen eine enorme Filterwirkung, wodurch insbesondere den Kernzonen im Biosphärenreservat eine wichtige Rolle als biologischer Regenerationsraum zukommt. Das plötzliche Auftreten wichtiger Indikatorarten an der Elbe wie zum Beispiel die Libellen **Grüne Keiljungfer** (*Ophiogomphus cecilia*) und **Asiatische Keiljungfer** (*Gomphus flavipes*) zeigen an, dass sich der Fluss am Anfang einer Regenerationsphase befindet.

Nach wie vor problematisch ist jedoch die Belastung der Elbe durch Schwermetalle. Zu den wichtigsten zählen hier die Elemente Cadmium, Quecksilber, Blei und Zink. Selbst nach 10 Jahren kann eine eindeutige Verringerung der Messwerte bisher nur für Quecksilber festgestellt werden. Zweifelsohne wird vor allem die hohe und toxische Cadmium-Belastung künftig noch lange bestehen bleiben. Zwar wurden die Industrieeinleitungen durch den Zusammenbruch der Betriebe der ehemaligen DDR drastisch verringert, doch dauern die Einträge aus dem ehemaligen Bergbau weiterhin an. Natürlich schmälert die Schwermetall-Belastung die Nutzung der Fische aus der Elbe.

Eine weitere Verringerung der Konzentrationen dieser Stoffe wird Zeit und erhebliche Finanzmittel erfordern. Dabei ist jedoch zu bedenken, dass eine spürbare Verbesserung der Wasserbeschaffenheit gegenüber des jetzigen Standes nur erreicht werden kann, wenn auch der Eintrag von Nährstoffen aus sogenannten "diffusen" Quellen wie zum Beispiel der Landwirtschaft verstärkt angegangen wird. Zur Grundvorrausetzung einer umfassenden Elbsanierung zählt somit, endlich den Fluss

und sein Einzugsgebiet in seiner ganzen Vielfalt als eigenes Ökosystem verstehen und schützen zu lernen.

Die Asiatische Keiljungfer (Gomphus flavipes) galt in Mitteleuropa westlich der Oder lange Zeit als ausgestorben. Heute lebt sie wieder an sandigen Ufern von Elbe und Havel.

Natur als Entwicklungsperspektive

Auf der westlichen Elbseite in den Landkreisen Lüchow-Dannenberg und Lüneburg oder an der mittleren Elbe mit dem Wörlitzer Gartenreich hat sich der Fremdenverkehr schon seit langem zu einem wichtigen wirtschaftlichen Standbein entwickelt. Zunehmend an Bedeutung gewinnt jedoch der Wunsch nach einem echten "Natur-Urlaub", also Ferien in unverfälschter Natur mit ihren besonderen Erlebnismöglichkeiten. Hier stehen mittlerweile zahlreiche Privat-Unterkünfte in den Dörfern entlang der Elbtalaue bereit, die mit dem Slogan "Ferien auf dem Bauernhof" werben. Neu und beliebt ist das Angebot, in einen "Heu-Hotel" zu übernachten. Die Urlauber, die hoch zu Ross, zu Fuß oder per Fahrrad von einem Heuhaufen zum nächsten gelangen, können im bäuerlichen Heuschober für ein geringes Entgelt übernachten und ihre Reiseroute selbst zusammenstellen. Dem Heu-Hotelgast stehen Dusche , WC und ein Aufenthaltsraum zur Verfügung, und er erhält selbstverständlich ein Frühstück.

Trotz dieser positiven Entwicklungen im Bereich des Fremdenverkehrs, durch die kontinuierlich steigende wirtschaftliche Gewinne in die Region fließen und denen eine Vielzahl lokaler Initiativen

Links: Überschwemmte Dannenberger Marsch, im Hintergrund die Stadt Hitzacker.
Oben: Seeadler

zu verdanken ist, fehlt es vielfach immer noch an einem klaren Bekenntnis, dass das Erreichte nur durch konsequenten Schutz von Natur und Landschaft zu sichern ist. Wenn der Natur-Tourismus auch in Zukunft ein wirtschaftliches Standbein sein soll, dann schließt er unweigerlich eine Reihe anderer Entwicklungsmöglichkeiten aus. In den Köpfen mancher Kommunalpolitiker und Verwaltungsbeamter scheint der Wunsch nach Autobahnen, emissionsreichen Industrieanlagen und Sportboothäfen immer noch größer zu sein, als nach einem ausgewogenen Konzept für den Fremdenverkehr, dem nur der Status einer gern gesehenen "Nebeneinnahme" zuerkannt wird. Die trügerische Hoffnung auf rasche Gewinne wirkt stärker als die Möglichkeit, durch "Sanften Tourismus" zwar vorerst sanfte, aber dann kontinuierlich steigende Einnahmen zu

erzielen. Diese Einstellung blockiert leider allzu oft die zielstrebige Weiterentwicklung eines zukunftsorientierten, umweltfreundlichen Tourismus in der Elbtalaue.

Dabei wäre hier dringender Handlungsbedarf. Die vielen Besucher aus den Ballungsräumen Hamburg, Berlin und Hannover, die vormals stundenlange Anfahrten in Kauf nahmen, um ihr Wochenende oder die Ferien "in der Natur" zu verbringen, finden seit der Vereinigung in ihrem eigenen Umland neue, attraktive und vor allem schnell erreichbare Erholungslandschaften vor.

Die vielen kleinen, verträumt wirkenden Ortschaften am Rande der Flussauen von Elbe und ihren Seitengewässern in Mecklenburg-Vorpommern, Brandenburg und Sachsen-Anhalt harren auf Perspektiven für ihre Entwicklung. So schmerzlich die Einsicht für manche Naturfreunde auch ist: Ohne die Möglichkeit, aus dem Kapital "Natur" Geld in die Dörfer fließen zu lassen und Arbeitsplätze zu schaffen, wird die Bereitschaft, sich für die Natur einzusetzen, wohl nur Stückwerk bleiben.

Ein gutes Beispiel mit einer Fülle von ungewöhnlichen Initiativen bietet die Gesellschaft für Wirtschaftsförderung (GWL) unter der Leitung von Horst Möhring in der kleinen brandenburgischen Stadt Lenzen. Angespornt von dem Wunsch eine naturverträgliche Landnutzung mit der Sicherung von Arbeitsplätzen in der ländlichen Region zu verbinden, kann der Besucher des rund 4.000 ha großen Betriebes in Lenzen eine Palette von Bewirtschaftungsformen entdecken, die den Zielen eines Biosphärenreservates schon heute entsprechen. Die mittlerweile blütenreichen Wiesen und Weiden werden seit Jahren rund um die Stadt extensiv mit einer Reihe von genügsamen Rinderrassen bewirtschaftet, zudem beleben rund 17 Ziegen- und Schafrassen das Landschaftsbild. Frauen haben sich zu einer Filzmanufaktur zusammengeschlossen, in der die gewonnene Wolle zu handwerklich hochwertigen Filzprodukten verarbeitet wird. Gefärbt wird selbstverständlich überwiegend mit Färberpflanzen, die einem vor Ort eigens angelegten Garten entstammen. Die einst ausgeräumte Landschaft rings um die Stadt ist mittlerweile durch kilometerlange He-

cken, Baumreihen und Streuobstwiesen gegliedert und ökologisch aufgewertet worden. Erstmals seit rund 250 Jahren, als das Holz der elbnahen Auwälder von den Stadtvätern gefällt und verkauft wurde, gelang es rund 70 ha junge Auwälder zu pflanzen. Natürlich nur unter Verwendung standortgerechten Pflanzgutes – aus einer eigenen Baumschule. Besucher aus nah und fern können am jährlichen Filzfest (3. Maiwochenende) Kostproben und Beispiele dieser engagierten Arbeiten erleben.

Daher sollten schleunigst Konzepte für einen naturverträglichen Tourismus in der ehemaligen Grenzregion entwickelt und die Gemeindeväter in dieser Richtung unterstützt und beraten werden. Dabei gilt es, insbesondere die regionalen Besonderheiten selbstbewusst herauszustellen, lokale Initiativen zu unterstützen und die Bereiche Kultur, Natur und Kunst nicht aus dem Zusammenhang zu reißen. Staatliche Hilfen sind vordringlich für den Ausbau von Ferienunterkünften innerhalb der Dörfer abzufordern.

Ein neuer Auwald entsteht bei Lenzen.

Was getan werden muß:

Es bleibt eine tragische Erkenntnis: Nur durch eine vom Menschen selbst geschaffene unüberwindliche Grenze konnte sich diese Flussauenlandschaft im Zentrum Mitteleuropas in die Gegenwart herüberretten. Was anderswo unwiederbringlich verloren gegangen ist, steht nun nach der Wende erneut zur Disposition, wird verplant und sollte doch in erster Linie nach dem heutigen Erkenntnisstand umweltpolitischer Notwendigkeiten entwickelt werden.

Folgende Maßnahmen sind nun erforderlich:

- Die nationalen und internationalen Schutzerklärungen (Biosphärenreservat Flusslandschaft Elbe, FFH-Gebietsausweisungen, SPA-Gebiete gemäß der Vogelschutzrichtlinie) sind schnellstmöglich mit Inhalt zu füllen. Dabei ist vor allem großer Wert auf eine stromübergreifende Zusammenarbeit der beteiligten Bundesländer zu legen. Im föderalen Deutschland mit ausgeprägten Länderkompetenzen und klaren Verwaltungsgrenzen kein leichtes Unterfangen! Doch nur im gemeinsamen Herangehen an die vorherrschenden Probleme der ländlichen Region kann die Stärke dieses Großschutzgebietes liegen. Erfreuliches Beispiel hierfür ist der Zusammenschluss von 7 Landkreisen zu einer kommunalen Arbeitsgemeinschaft (KOST) mit Sitz in Stendal (Sachsen-Anhalt). Hier wird versucht Projektideen mit regionalwirtschaftlicher Bedeutung für die Elbtalregion zu entwickeln und umzusetzen.

- Für den Strombau und die Deicherneuerung an der Elbe sind umgehend neue, ökologisch orientierte Rahmenbedingungen zu entwickeln. Beim Neubau von Deichen sind Möglichkeiten zur Vergrößerung des Überflutungsraumes vorrangig zu fördern. Von den über 50 Vorschlägen, die nach der politischen Wende im noch jungen Biosphärenreservat zusammengetragen wurden, ist bislang noch nicht ein einziges Vorhaben umgesetzt worden! Ähnlich sieht es mit der Arbeit der Wasserwirtschaftsämter aus, die dem Bundesverkehrsministerium unterstehen und derzeit die Elbe durch Wiederherstellung und den Neubau von Buhnen und Leitwerken in ein neues Korsett zwingen. Doch besteht hierfür überhaupt eine wirtschaftliche Notwendigkeit? Ist eine Verlagerung der Schifffahrt auf die vorhandenen und teuer ausgebauten Kanäle (Elbe-Seiten- und Mittellandkanal) nicht ökonomisch und ökologisch sinnvoller? Und ist die Gefahr auszuschließen, dass der Fluss durch diese Maßnahmen sein Bett weiter vertieft und die umliegenden Auen zunehmend trockener werden? Bereits jetzt wirft der Tourismus in der unverwechselbaren Auenlandschaft eine wesentlich größere Rendite für die Region ab als die stetig zurückgehende Binnenschifffahrt. In einer aktuellen Veröffentlichung der Deutschen Vereinigung für Wasserwirtschaft, Abwasser und Abfall e.V. wurde der "Glücksfall Elbe" in einem Satz zusammengefasst: "Die Elbe ist ohne Zweifel einer der wenigen Ströme dieses Kontinents, der die Bezeichnung Fluss in seiner ursprünglichen Bedeutung noch verdient".

- Es gibt entlang der Elbe im Biosphärenreservat zum Glück eine ganze Reihe von Informationsstellen in Sachen "Natur". Hier können sich Gäste, aber auch Einheimische rechtzeitig und umfassend informieren. Die meisten von ihnen sind jedoch finanziell nicht abgesichert und stehen und fallen mit dem Engagement weniger aktiver Bürger oder einzelner Naturschutzverbände der Region. Dies gilt ebenso für die Mitarbeiter der Naturwacht, die in den neuen Bundesländern eingestellt wurden, die aber ebenso dem Spardruck unterworfen sind. Dabei zeigt sich bereits, dass ohne eine professionell geschulte Naturwacht Besucherbetreuung, Umweltbildung und langfristige Umweltbeobachtung in einem von der UNESCO anerkannten Biosphärenreservat nur leere Worte bleiben.

- Die Jagd auf Wasservögel ist in der Elbtalaue ein andauerndes Problem. Vor allem die Rast- und Nahrungsplätze durchziehender Entenvögel und Kraniche im Strombereich sind hiervon betroffen. An manchen Winterabenden hallt das gesamte Elbtal wider vom Lärm der Schüsse. Hierdurch werden auch nicht jagdbare Vögel gestört. Die Folgen: Gänse, die auf den elbnahen Wiesen rasten wollen, werden vertrieben und suchen auf den elbfernen Ackerschlägen Ruhe und Nahrung. Hier können sie jedoch den Landwirten Sorgen und wirtschaftliche Einbußen bereiten. Zur Konfliktentschärfung wird in Niedersachsen und Brandenburg bereits ein sogenanntes "Gänsemanagement" durchgeführt, welches erhebliche Personal- und Finanzmittel verschlingt. Besser wäre jedoch, die Jagd auf Wasservögel im gesamten Elbtal, zumindest aber in großflächigen Rast- und Überwinterungsgebieten völlig einzustellen.

- Ein Biosphärenreservat Flusslandschaft Elbe muss sich als Entwicklungsperspektive für ansonsten strukturschwache Regionen verstehen. Der Weg hierhin verspricht für die beteiligten Akteure lang, neu, schwierig aber auch interessant zu werden. Die meisten Landkreise haben die Chancen einer "Modellregion Biosphäre" bereits erkannt, sich zu einer Arbeitsgemeinschaft zusammengeschlossen und bereits erste Projekte initiiert. Die Idee "Tourismusband Elbe" wird umgesetzt, neuartige Biogasanlagen sind im Bau, eine Regionalmarke entsteht und Bauernläden öffnen ihre Pforten. Doch die kommunalen Haushalte in der Region sind klamm. Überregionale Fördertöpfe der Europäischen Union, der Bundesregierung und vor allem der beteiligten Bundesländer sollten diesen Prozess in stärkerem Maße als bisher unterstützen.

Reise-
information

Hinweise und Tipps für Besucher

Das Biosphärenreservat "Flussland-schaft Elbe" umfaßt einen über 400 km langen Stromabschnitt zwischen den Städten Wittenberg/Lutherstadt über Dessau, Magdeburg, Tangermünde und Havelberg in Sachsen-Anhalt, dann Bad Wilsnack, Wittenberge und Lenzen in Brandenburg sowie Dömitz, Hitzacker und Boizenburg in Niedersachsen und Mecklenburg-Vorpommern. Aufgrund der gewaltigen Ausdehnung des Gebie-tes werden im folgenden vor allem Wan-derungen und Reiseempfehlungen für

Picknick am Elbufer.

*Das "Europäische Zentrum für Auenöko-
logie" des BUND auf der Burg Lenzen.*

den nordwestlichen Teil des Biosphärenreservates, also für die untere Mittelelbe vorgestellt. Die naturkundlichen
Informationen der anzutreffenden Lebensräume und ihrer Bewohner gelten
jedoch für das gesamte Gebiet. Aufgenommen wurden aber wichtige Adressen und Anlaufstellen auch für das Biosphärenreservat "Mittlere Elbe", welches nunmehr zum großen Biosphärenreservat "Flusslandschaft Elbe" erwei-
tert wurde und hierin aufgehen wird.
Wander- und Übernachtungsvorschläge
sind über die dortigen Stellen erhältlich.

Reisezeit

Die meisten Besucher kommen in den
Frühlings- und Sommermonaten von
Mai bis September sowie zu Ostern,
Pfingsten oder Weihnachten. Für den
Naturfreund ist die Elbtalaue das ganze
Jahr über ein reizvolles Wandergebiet,
und der Herbst und Vorfrühling eignen
sich besonders gut zum Beobachten des
Vogelzuges. Kraniche, Zwergschwäne
und Singschwäne rasten dann zu Tau-
senden. Hochwässer verändern die
Landschaft im ausklingenden Winter,
und mit etwas Glück kann man sie auch
noch zur Vegetationsperiode im
Mai/Juni erleben.

Wichtige Anlaufstellen für Besucher des Elbtales

Adressen auf den Seiten 136 - 138

Naturparkverwaltung "Mecklenburgisches Elbtal"

in Boizenburg: Kleine Ausstellung und Informationen über den Naturpark

ElbSchloss Bleckede

Natur erleben an der Elbe - unter diesem Motto präsentiert das Elbschloss Bleckede ab April 2002 auf über 1.000 m^2 Ausstellungsfläche die einzigartige Natur der Flusslandschaft Elbe. Erleben Sie die Faszination des Fliegens: Ob den Vogelzug der Gänse in die Elbtalaue oder der Blick live in ein Storchennest - im Elbschloss reisen Sie durch alle Jahreszeiten.

Nach einem Blick vom mittelalterlichen Schlossturm auf die Elbe geht es gegen den Strom bis zur Quelle. Im großen Elbeaquarium tummelt sich die Unterwasserwelt. Das Elbschloss Bleckede bietet aber noch viel mehr: Kulturveranstaltungen wie der Musikalische Frühling und Jazz im Schlosshof begeistern ebenso wie das Burgfest mit seinem mittelalterlichen Markt. Das ganze Jahr über präsentiert die Weidenwerkstatt regionales Handwerk.

Nach einer Stärkung im Schlosscafé startet die Tour in die Elbtalaue. Die Tourist-Info zeigt Ihnen die schönsten Ziele rechts und links der Elbe.

BUND Elbtalinfo-Dannenberg

Seit 1990 unterhält der Bund für Umwelt und Naturschutz Deutschland (BUND) e.V. ganzjährig eine Informationsstelle für Gäste und Anwohner. Zunächst war ihr Sitz in Hitzacker, seit 3 Jahren wechselte das Team nach Dannenberg ins Alte Rathaus direkt auf den Marktplatz. Nach vollständigem Umbau wurde das historische Fachwerkhaus zu einem Natur-Infozentrum mit integrierter Touristen-Information. Seit dem Sommer 2000 stehen nun auf über 300 qm Fläche Räumlichkeiten für Ausstellungen und Seminare zur Verfügung. Kernstück ist ein "Unterwasserraum", in dem unter dem Motto "Sei (k)ein Frosch" die Amphibien der Elbtalaue umfassend und originell vorgestellt werden. Vorträge, Führungen - z.B. im Rahmen des Themenradelns - sowie Wechselausstellungen ("Milch - Unschuld vom Lande") sind feste Bestandteile der Angebotspalette.

NABU - Zentrum Dömitz:

Kleine Ausstellung, Informationen und Verkauf von Biofleisch-Produkten.

BUND-Ökoburg-Lenzen

Was 1993 mit einer ungewöhnlichen Schenkung an den BUND Niedersachsen begann, hat sich zu einem anspruchsvollen und wohl einmaligen Projekt gemausert: Aus einer charmanten alten Burg wird schon bald ein modernes und attraktives Besucher- und Umweltbildungszentrum: das "Europäische Zentrum für Auenökologie".

Im Haupthaus soll ein Informations- und Umweltbildungszentrum mit einem modernen Tagungshausbetrieb entstehen. Im gegenüberliegenden Pförtnerhaus betreibt schon jetzt ein Wirt eine Burgklause und verpflegt auf Wunsch die Burggäste. Der Burgturm dient künftig für Ausstellungen um das Thema Elbe. Das angrenzende Gebäude aus dem 17. Jahrhundert, in dem sich das Lenzener Heimatmuseum befindet, wird auch weiterhin den zahlreichen kulturgeschichtlichen Themen der Region Raum geben. Schon jetzt besteht die Möglichkeit für Übernachtungen und Seminare. Die Naturwacht im brandenburgischen Teil des Biosphärenreservates hat hier eine Außenstelle.

Besucherzentrum Rühstädt

Dem Besucher in Deutschlands storchenreichstem Ort steht in der brandenburgischen Elbtalaue eine neu errichtete Station als Anlaufstelle zur Verfügung. Neben einer modernen Ausstellung zum Thema "Weißstorch" des NABU mit einer Video-Life-Übertragung direkt aus einem Storchennest gibt es im Hause wechselnde Ausstellungen der Biosphärenreservatverwaltung sowie ein ganzjährig geöffnetes Besucherzentrum der Naturwacht. Es besteht das Angebot für Reisegruppen von Wanderungen ins Umland sowie Vorträgen. Ein örtlicher "Storchenclub" organisiert

Führungen durch das Dorf und das jährliche "Storchenfest" (letztes Juni-Wochenende).

NABU Zentrum für Ökologie, Natur- und Umweltschutz (ZÖNU)

In Buch/Tangermünde: Ausstellung, Bauern- und Färbergarten, Video-Life-Übertragung aus dem Storchennest, Veranstaltungsprogramm, zusätzliche Führungen sind nach Absprache möglich (Fahrradverleih). Ab Mai 1999 gibt es eine "Heuherberge" mit 30 Schläfplätzen und einen Hofladen.

Biosphärenreservat "Mittlere Elbe" - Informationszentrum und Biberfreianlage unweit Dessau

Im wunderschönen Eichenwald östlich der Stadt Dessau steht dem Besucher ein neu errichtetes Informationszentrum sowie eine Biberfreianlage zur Verfügung. Spezielle Auskünfte gibt auch die nah gelegene Verwaltung des Biosphärenre-

Unten: Besucherzentrum im Storchendorf Rühstädt.

servates. Ein "Muß" für Gäste ist der Besuch der weithin bekannten "Dessau-Wörlitzer-Kulturlandschaft". Mehrere Landschaftsgärten aus der 2. Hälfte des 18. Jahrhunderts mit vielen klassizistischen Bauwerken sind durch Gewässer, Alleen und Tausende von Solitäreichen gegliedert. Das UNESCO-Welterbekomitee nahm das "Gartenreich Dessau-Wörlitz" im November 2000 in die Welterbeliste auf. In der Begründung heißt es: "Das Gartenreich Dessau-Wörlitz ist ein herausragendes Beispiel für die Umsetzung philosophischer Prinzipien der Aufklärung in einer Landschaftsgestaltung, die Kunst, Erziehung und Wirtschaft harmonisch miteinander verbindet."Im Bereich Lödderitz-Steckby westlich von Dessau wachsen die flächenmäßig größten Auwälder der mittleren Elbe. Der Elbebiber erreicht hier

Oben: Ansprechpartner für Besucher: Die Naturwacht im brandenburgischen Teil des Biosphärenreservats.

seine höchste Bestandsdichte. Ein vor Ort tätiger Förder- und Landschaftspflegeverein bringt die Zeitung "Au(g)enblick" heraus und betreut die Biberfreianlage.

Rechts: Biberfreianlage östlich von Dessau.

16 Ausgangspunkte für Erkundungen der Elbtalaue

Als ideale Ausgangspunkte für Wanderungen und Fahrten in die Elbtalaue werden hier 16 Städte und Ortschaften zwischen Tangermünde und Lauenburg ausgewählt, in denen Sie Hotels und Pensionen für Urlaub oder Übernachtungen finden. Etliche sind ans Netz der Bundesbahn angeschlossen (**Bhf**), verfügen über eine Elbfähre (**Ef**) oder Elbbrücke (**Ebr**). Die teils noch mittelalterliche, teils von Renaissance oder Barock geprägte Bausubstanz vermittelt als Kontrast zur urtümlichen Flusstal-Landschaft einen willkommenen Hauch von Geschichte und gewachsener Kultur. Die vorgeschlagenen 16 Wandertouren geben bewährte Exkursionsrouten wieder, sollen aber eigentlich nur dazu beitragen, das Gebiet auf eigenen Wegen zu erkunden. Grundsätzlich gilt, dass man die meisten naturnah verbliebenen Lebensräume in den Außendeichsbereichen der Elbe und ihrer Nebenflüsse antrifft. Hier sammeln sich auch im Winter bzw. zur Zugzeit große Scharen von **Wat-** und **Wasservögeln**, besonders wenn Teilgebiete überschwemmt sind. Zu nennen wären hier u.a. die weiten Elbwiesen um Tangermünde, die Untere Havelniederung, die Elbdeichvorländereien zwischen Rühstädt und Wittenberge, die Elbe-Alandniederung zwischen Wahrenberg und Schnackenburg, die Niederungen von Löcknitz und Seege, die Elb-Vordeichländereien um Rüterberg, Wehningen, Strachau und Herrenhof, die Taube Elbe bei Penkefitz, Vordeichländereien beiderseits der Elbe im Raum Neu Darchau - Bleckede - Boi-

zenburg sowie die Sudeniederung. Da die meisten im Text erwähnten Tiere und Pflanzen im gesamten Raum angetroffen werden können, wird auf nochmalige Hinweise verzichtet. Nur besonders typische Arten oder lokale Besonderheiten werden aufgeführt.

1) Tangermünde: (Bhf, Ebr.)

Auf dem Platz einer frühdeutschen Grenzfestung entwickelte sich ab 1275 eine blühende Handelsstadt. 1373 - 1378 Nebenresidenz Karl IV zum Hradschin in Prag. Mittelalterliches Stadtbild mit Burgtor, Wehranlagen, Stadtmauer, gotischer Stephanskirche mit 94 m hohem Turm, Rathaus mit spätgotischer Schauwand, 3 Stadttore, zahlreiche alte Fachwerkhäuser.

Ausflüge:

In rechtselbische weite, uneingedeichte Wiesen mit Blick auf Stadtsilhouette. Abfahrt "Fährstraße" in Fischbeck.

Zur Klosterkirche Jerichow (ältester Backsteinbau Norddeutschlands, Klostermuseum). Von hier aus auf Lehrpfad entlang des Naturschutzgebietes "Bucher Brack-Bölsdorfer Haken" mit prachtvollen **Schwimmblattgesellschaften**, **Trauerseeschwalbenkolonie**, Feldern von der **Sibirischen Schwertlilie** (*Iris sibirica*).

Entlang reizvoller Flusslandschaft elbabwärts nach Arneburg, hier Ausblick vom Burgberg übers Elbtal (Heimatmuseum)

2) Havelberg (Bhf 7 km Glöwen, Ef)

948 Gründung Bistum Havelberg durch Otto I zur Slawenbekehrung. Wuchtiger Dom mit burgähnlichem Westwerk

(1150-1330). Spätgotische Laurentius-kirche im Stadtkern der Havelinsel. Historischer Pferdemarkt erster Samstag im September.

Ausflüge:

In das NSG "Untere Havelniederung", eine weite, vermoorte Flussniederung mit **Weichholzauen** im Rückstaubereich vom Elbhochwasser. Reiches Vogelleben das ganze Jahr über (**Graugans**, **Seeadler**, **Trauerseeschwalbe**), Beobachtungstürme beachten!
Auf Elbdeich südwärts bis Sandau, zurück über Feldwege (Vordeichländereien mit **Bracks**, **Haken** mit Laichplätzen für **Amphibien**).
Rundfahrt mit Auto oder Rad über Strodehne (Havelfähre) und Rhinow an den Gülper See mit Picknickplätzen und Aussichtstürmen (**reiches**

Wasservogelleben zur Brut- und Zugzeit). Weiter über Rathenow und Schollene zum Naturschutzgebiet "Schollener See" (**Rothalstaucher**, **Rohrdommel**, **Lachmöwenkolonie**, **Bartmeise**, **Blaukehlchen**). Gute Sicht vom Feldweg am Nordufer Richtung Nierow.
Bei Räbel mit Fähre über die Elbe, dann südwärts nach Berge und weiter zum Naturschutzgebiet "Alte Elbe" (**Amphibien**, **Rohrsänger**, **Rallen**, **Trauerseeschwalbenkolonie**).

3) Bad Wilsnack (Bhf):

Bedeutendster Wallfahrtsort Norddeutschlands im Hochmittelalter. Nach Fund heiliger Hostie 1383 Bau der spätgotischen "Wunderblutkirche". Wunderblutschrein, Hochaltar, alte Kirchenfenster. Ab 1929 Badeort "Bad Wilsnack".

Verhaltenstipps

Es gibt zahlreiche individuelle Möglichkeiten, das Elbtal auf eigene Faust zu erkunden. An dieser Stelle werden 15 Touren vorgeschlagen, auf denen man die wichtigsten Flußlandschaften mit den darin lebenden Tieren und Pflanzen am besten kennen lernen kann. Die Routen sind so gewählt, dass Sie schauen und beobachten können, ohne zu stören. Voraussetzung allerdings ist, dass Sie folgende Regeln einhalten:

- Stellen Sie Ihr Auto bitte niemals mitten in der Landschaft (verboten in Natur- und Landschaftsschutzgebieten!), sondern immer auf gekennzeichneten Parkplätzen ab!
- Bleiben Sie bitte auf den Wegen und Deichen, laufen Sie niemals querfeldein!
- Stören Sie bitte die Tierwelt nicht durch aufdringliches Beobachten oder Fotografieren! Der Schutz der Tiere sollte Ihnen immer wichtiger sein als eine scheinbar notwendige Artbestimmung oder ein gelungenes Foto.
- Informieren Sie sich über die Verbote in Naturschutzgebieten und beachten Sie diese bitte! Baden, Lagern, Surfen, Angeln, Reiten und Zelten Sie bitte nur an den dafür ausgewiesenen Plätzen! Derartige Freizeitaktivitäten mitten in der Landschaft bedeuten immer eine massive Störung von Tieren und Pflanzen und sind daher natürlich verboten.

Wir danken für Ihr Verständnis, denn Ihr umsichtiges Verhalten in der Landschaft ist ein wichtiger Beitrag zum Naturschutz. Und nun viel Spaß bei Ihren Erkundungen im Elbtal!

Wanderungen:

Zum "**Storchendorf**" Rühstädt, mit schmucken Fachwerkstraßen, wo jährlich bis 40 Storchenpaare nisten. Malerisches Deichvorland mit **Auwald**, **Bracks**, **Weihern**. Besucherzentrum

Entlang der Karthane zur Plattenburg, einer alten Wasserburg, die 1319 Sommerresidenz des Bischofs von Havelberg wird. Heute hier diverse Festspiele. An den Fischteichen **Biber**, **Fischotter**.

4) Seehausen (Bhf, Ebr. bei Wittenberge):

Weithin sichtbar die Doppeltürme der St. Peter und Paul-Kirche (spätromanisch, Mitte 15.Jh. spätgotisch umgebaut). Beustertor aus 15. Jh., neugotisches Rathaus. Gelegen an der "Straße der Romanik".

Wanderungen:

Auf dem "Radrundkurs Altmark" bis Beuster, dann Deichrundweg Werder. Weites Deichvorland mit Höfen auf Warften, Altwasser, Flutrinnen, Binnendeiche, schöne **Qualmwasserzonen**.

Auf der "Straße der Romanik" nach Werben (fast 1000jährige Stadt mit Elbtor, spätgotischer Kirche St. Johannes, Reste einer Stadtmauer, Bockmühle). Abwechslungsreiche Landschaft mit viel intakter Feldmark (**Hecken**, **Gehölze**).

Zum **Storchendorf** Wahrenberg, westlich der B189 Wittenberge-Stendal.

5) Wittenberge: (Bhf, Ebr.)

Urkundlich 1226 erstmals erwähnt und bis 1808 unter der Herrschaft der Edlen Herren Gans zu Putlitz. Nach Anschluss an die Bahnstrecke Hamburg-Berlin 1845 und Bau der Elbbrücke. Verkehrsknotenpunkt, Umschlagplatz, Industrie. Zentrum der Prignitz. Gotisches Steintor, alte Backsteinfassaden von Ölmühle, Wasserturm, Speicher.

Wanderungen:
Mit Auto/Fahrrad nach Cumlosen, Rundweg über Deich und Straße nach Müggendorf (Deichvorland, Flachgewässer und **Schwimmblattgesellschaften**).

Links: Blick auf den Mariendom in Havelberg.

Oben: Hühnerdorfer Tor ("Eulenturm") in Tangermünde.

Unten: Ein vom Fluss geschaffenes Flutrinnensystem im Vorland von Rühstädt.

Alte Wurtendörfer und **Alt-Wasser-haken** über Elbdeich und kleine Straßen in die Marschen zwischen Elbe und Karthane

Über die Elbbrücke aufs linke Elbufer zum **Storchendorf** Wahrenberg (1998= 23 besetzte Nester). Von dort über "Radrundkurs Altmark" nach Pollitz und Wanzer; hier ab nach Norden zum Elbdeich, auf diesem zurück nach Wahrenberg (**Feuchtwiesen, Tümpel, Bracks, Qualmwasserzonen, Auwaldreste**).

Durchs malerische Tal der Stepenitz nach Perleberg (alte Handels- und Festungsstadt, Roland, Rathaus, St. Jacobi-Kirche).

6) Schnackenburg: (Ef)

Kleinste Stadt Niedersachsens mit Elbzolltradition seit 1137. Romanische St. Nikolai-Kirche, mit Taufengel von 1727. Grenzland-Museum. Endpunkt der Elbuferstraße von Lauenburg. Am Radfernweg Schnackenburg-Uelzen.

Wanderungen:

Auf dem Alanddeich nach Gummern, dort an oder um den Polder Wrechow (bedeutender Rastplatz für **Wat-** und **Wasservögel**, Brutgebiet für **Brachvogel, Rallen, Rohrschwirl, Drosselrohrsänger, Bartmeise**). Neuer Naturlehrpfad mit Sichtschirmen und Beobachtungsturm.

Auf dem Elbdeich bis Elbholz-Ostrand mit Qualmwasserzonen, Elbdeichvorländereien, Auwaldresten (**Grau-** und **Brandgans, Seeadler**).

7) Gartow: (Ef bei Pevestorf)

1225 "Herren von Gartow", 1321 Ort urkundlich erwähnt. Barockschloss und Barockkirche. Staatlich anerkannter Luftkurort mit Thermalbad, Freizeitsee, Abenteuerspielplatz, Heimatmuseum in Vietze.

Unten: Elbholz - nördlich von Gartow.

Oben: Der mittelalterliche Stadtkern von Lenzen.

Wanderungen:

Auf der Elbholzallee ins Elbholz und an die Elbe. Bedeutender **Auwald-rest**, großartiges Deichvorland mit "Försterhaken" und **Stieleichen** in verschiedenen Altersstadien (Baum-horst **Weißstorch**, **Kranich**). Zurück über die Pevestorfer Wiesen mit Qualmwassern, Tümpeln, Teichen (**Rotbauchunke**, **Laubfrosch** u.a.).

Den Gartower See entlang auf dem Seegedeich zu **Dünen** und **Trocken-rasen** am Südhang des Höhbecks. Schöner Übergang von **Feuchtwie-sen** in sandig-sonnige Lebensräume. Zurück über den Höhbecknordhang zur Schwedenschanze, nach Pevestorf und Restorf (St. Johanniskirche erbaut um 1300). Die Seegeniede-rung ist bedeutender Rastplatz für **Wat-** und **Wasservögel**.

Wanderlehrpfad "Elbebiber und Fischotter"

Zwerg- und Singschwan (unten): Feldkennzeichen beider Arten ist ein leuch-tend gelbes Schnabelfeld zwischen Auge und Nasenloch. Beim Singschwan (obere Abb.) dehnt sich das Gelb keilförmig zur Schnabelspitze aus, beim kleineren Zwerg-schwan (untere Abb.) bildet es nur einen kleinen Fleck - aus: Bauer K. u. U. N. Glutz (1968).

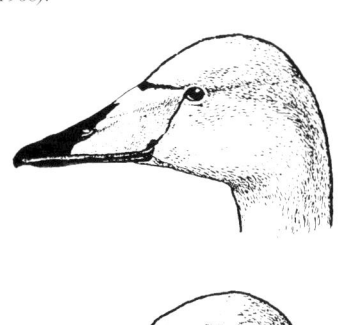

8) Lenzen: (Ef)

929 besiegte Heinrich I mit seinem Heer die hier ansässigen Slawen und besetzte die Burg. Zinnfigurendiorama der Schlacht im Heimatmuseum des um 1200 erbauten Burgturms, dreischiffige Hallenkirche St. Katharin (um 1300) mit Arp-Schnittger-Orgel. "Stumpfer Turm", Barock-Rathaus, Fachwerkhäuser, Färbergarten, Filzmanufaktur, Regionalladen, Auenökologisches Zentrum Burg Lenzen (im Bau).

Wanderungen:

Herrliche Fahrradwanderung auf einer **Naturerlebnisroute** über Mödlich (Backsteinkirche aus 15. Jh. mit hölzernem Turm) auf dem Elbdeich flussab bis Kietz oder Besandten, zurück durch Lenzer Wische Breetz-Seedorf-Lenzen (Elbdeichvorländereien mit Baumgruppen, Haken, Bracks, **weite Marschlandschaft**, Löcknitz). Mehrere Aussichtspunkte und speziell markierte Beobachtungspunkte.

Rundwanderung durch Einbruchsenke des Gorlebener Salzstocks am Rudower See und Rambower Moor. Am Rudower See schöner Galeriewald, Röhrichtzone mit bis zu 24 **Drosselrohrsängern**. Rambower Moor mit botanischen und avifaunistischen Kostbarkeiten. Hünengrab bei Mellen.

9) Gorleben:

Anlegestelle für Freizeitboote. Trotz der im Kiefernforst versteckten Atomanlagen guter Ausgangspunkt für Wanderungen:

Auf dem Elbdeich flussauf bis zur Seegemündung. Malerisches Vorland mit **Haken**, **Bracks**, **alten Ulmen**, **Stieleichen** und **Schwarzpappeln**.
  Auf dem Elbdeich flussab bis Grippel, weiter Richtung Langendorf bis Aussichtsturm auf Uferhöhe gegen-

Bauernhaus in Gorleben.

über Besandten. Abwechslungsreiches Deichvorland, schöner Blick aufs Elbtal.

Ausflug in die Nemitzer Heide. Durch Waldbrand 1975 ca 600 ha große, von schwachwelligen Binnendünen durchzogene offene **Heidefläche** mit Artenpotenial nährstoffarmer Sanddünen, darunter **Brachpieper** (*Anthus campestris*), **Raubwürger** (*Lanius excubitor*), **Nachtschwalbe** (*Caprimulgus europaeus*), **Schwarzkehlchen** (*Saxiola torquata*), **Zauneidechse** (*Lacerta agilis*), **Ödlandschrecke** (*Oedipoda caerulescens*), **Westliche Beißschrecke** (*Platycleis albopunctata*).

10) Dömitz: (Bhf, Ebr.)

Mittelalterliche pentagonale Festungsanlage im Renaissance-Stil. Fritz-Reuter-Gedenkhalle. Alte Fachwerkhäuser. Museum im Festungshof. Elde- und Elbrundfahrten mit Barkasse.

Rechts: Schwarzkehlchen
Unten: In der Nemitzer Heide

Wanderungen:

A) Zur Flugsanddüne bei Klein Schmölen. Schöner Übergang von **Sandtrockenrasen** (**Kantenlauch, Heidelerche, Schwarzkehlchen**) zu Röhrichten und Riedern der Löcknitzniederung (**Sumpfgreiskraut, Schilfrohrsänger**).

Elbab auf Deichen und Feldwegen über Rüterberg zum Wehninger Haken. Weite Deichvorländereien mit Haken und Flutrinnen, **Trauerseeschwalbenkolonien**, binnendeichs, **Sandtrockenrasen**.

Mit Auto oder Fahrrad über Woosmer durchs Tal der Rögnitz nach Ludwigslust. Barockschloss und mit 135 ha größter Schlosspark Mecklenburgs mit künstlichem Kanal, Wasserspielen. Ausgedehnter naturnaher Buchenwald. Zurück über Grabow (schönes Barock-Rathaus) und Eldena.

11) Dannenberg: (Bhf., Ebr. bei Dömitz)

1125 gegründet, mittelalterlicher Waldemar-Turm mit Heimatmuseum. Gotische St. Johanniskirche von 1380 mit geschnitztem Wandaltar von 1450.

Wanderungen:

In die Dannenberger Marsch zu den Predöhlsauer Bracks, an Taube Elbe und Penkefitzer und Gümser See. Weite **Marschen** mit alten Elbbögen (**Uferschnepfe, Brachvogel**) reiches Vogelleben rund ums Jahr.

Mit Auto oder Fahrrad nach Lüchow (Fachwerkstadt, mächtiger Amtsturm mit Heimatmuseum) ins Zentrum des Hannoverschen Wendlandes mit seinen charakteristischen Rundlingsdörfern. Besonders gut erhalten sind Bussau, Köhlen, Schreyahn und Satemin. Verbreitungsschwerpunkt des **Ortolans** (*Emberiza hortulana*).

12) Hitzacker: (Bhf, Ef für Personen)

Entstand bei mittelalterlicher Burg an Elbübergang. Nördlichster Weinberg Deutschlands. Heimatmuseum. Archäologisches Zentrum. Ausgangspunkt "Deutsche Fachwerkstraße Hitzacker bis Duderstadt". Schutzgebietsverwaltung Elbetal im Rathaus.

Wanderungen:

Rad- und Fußwanderungen auf die Elbhöhen zum Junkerswerder oder Aussichtsturm "Kiekeberg" sowie in die Wälder der Göhrde (Waldmuseum Göhrde). Teilweise **Buchenaltholz** und alte **Traubeneichen** (**Hirschkäfer**).

In die Dannenberger Marsch (s. Dannenberg)

Mit der Elbfähre nach Herrenhof, dann Radrundfahrt auf Deichen und Straßen: Strachau-Wilkenstorf-Tripkau-Kaarßen-Bitter. Weites Elbvorland, Qualmwasserzonen, Obstbaum-Alleen, fruchtbares Marschland, eindrucksvoller Geestrand mit Dünen.

13) Neuhaus: (Ef 5 km Darchau):

Ursprung des Ortes ist die 1369 erbaute Wasserburg "nyen huses". Vom 1718 abgerissenem Schloss ist das Pforthaus erhalten.

Wanderungen:

Durch die Carrenziener Heide zum Grünen Jäger (700 Jahre alte **Eiche**), weiter zum Falkenhof/Heidkrug und zur **Stixer Wanderdüne**. Zurück entlang des Geestrandes und der Krainke. Trockene Dünenlandschaft mit Kiefernforsten (**Nachtschwalbe, Heidelerche**).

Zu den Marschhufendörfern am Elbdeich. Deichvorländereien, schöner Blick über den Strom auf die linksseitigen Elbhöhen. Rundfahrt-Vorschlag: Neuhaus-Sumte-Neu Garge-Darchau-Vockfey-Stapel-Neuhaus.

Links:Die Bekassine wird im Volksmund auch "Himmelsziege" genannt.
Unten: Alte Eiche in der Elbtalaue.

14) Bleckede: (Ef)

1209 als "Löwenstat" gegründet, Elb-zoll, zweiflügeliges, um 1600 erbautes Schloss mit mittelalterlichem Ziegel-turm. Elbtalhaus. Museumseisenbahn nach Lüneburg. Waldbad in Alt-Garge.

Wanderungen:

Auf dem Elbdeich zum Vitico (Natur-schutzgebiet mit **Hainbuchen, Stiel-eichen, reicher Vogelwelt**) und Heis-terbusch, weiter vorbei am Radegas-ter Haken bis Brackede. Abwechs-lungsreiches Elbvorland.

Mit der Fähre nach Neu-Bleckede, elbab auf Elb- und Sudedeich bis Bandekow. Zurück durch Elbmarsch. Weite **Flusstäler** mit Bracks, Haken, Höfen auf Wurten. Ganzjährig inter-essante Vogelwelt.

15) Boizenburg: (Bhf, Ef nach Brackede)

Marktplatz mit gotischer Kirche und Barock-Rathaus, Festungsgraben ehe-maliger Burganlage; Fachwerk- und Backsteinhäuser. Heimatmuseum in Bau, aus 18 Jh., Elbwerft, Dampferfahr-ten.

Wanderungen:

*   Zur Gothmanner Düne (**Trocken-rasen**, Aussicht aufs Elbtal), weiter auf Feldwegen und Deichen in das NSG Elbe-Sudeniederung (weite, offene Marschwiesen) über Goth-mann (Niederdeutsche Hallenhäu-ser) zurück.

Rechts: Knäkente.
Unten: Das Naturschutzgebiet Penkefitzer See nördlich von Dannenberg.
Rechts: Die Stadt Hitzacker am Rande des Urstromtales der Elbe.

Radwanderung durch die Flusstäler von Schaale und Sude. Vorschlag: Zahrensdorf-Wiebendorf-NSG "Bretziner Heide"-Groß Bengersdorf (Schaugiebel von 1632)-Bennin-Schildfeld entlang der Schaale nach Kogel, zurück über Camin. Mäanderndes Flusstal mit **Feuchtwiesen**, **Wildwuchshängen**, **sandigen Heideflächen**.

16) Lauenburg (Bhf, Ebr.)

Malerische Altstadt mit verwinkelten Fachwerkhäusern aus 16./17. Jh. Maria-Magdalenenkirche, Grabkirche der Sachsen/Lauenburger Fürstenhäuser. Palmschleuse (älteste Schleuse Europas). Elbeschifffahrt-Museum. An der alten Salzstraße Lüneburg-Lübeck. Dampferfahrten elbab und elbaufwärts mit Raddampfer "Kaiser Wilhelm".

Wanderungen:

• Am rechten Elbufer flussauf entlang des NSG "Elbhang Vierwald".

Auf Elbuferstraße und Deichen nach den Deichvorländereien bei Bracke-de (Marschhufen und Wurtendörfer, Bracks, Flutrinnen, Haken).

Mit Fahrrad auch auf Radfernweg Hamburg-Schnackenburg weiter nach Bleckede.

Rundfahrt mit Auto oder Fahrrad auf der alten Salzstraße nach Lüneburg (Stadt der Backsteingotik, St. Johannis mit 106 m hohem Turm 1300-1370, Saline u.a.) Zurück über Bardowick (alter Handelsplatz seit 782, romanischer Dom) durch Neetze-Niederung über Tespe und Artlenburg (Fähranleger Alte Salzstraße, schöner Blick auf Lauenburg unter hohem Geestufer).

Karten:

Naturpark Mecklenburgisches Elbtal 1: 50 000
Naturpark Elbufer-Drawehn 1:50 000
ADAC Regional Karten Blatt 17 + 20 1:150 000

Adressen:

Brandenburg:

Biosphärenreservat
Flusslandschaft Elbe - Brandenburg
Besucherzentrum
Neuhausstr. 9
19322 Rühstädt
Tel.: 038791/98022 (Naturwacht)
       038791/980-0 (Verwaltung)
Fax: 038791/98011
e-mail: ruehstaedt-naturwacht@gmx.de
(Naturwachtstation)

NABU-Storchenausstellung
Neuhausstr. 9
19322 Rühstädt
Tel.: 038791/6718
Fax.: 038791/6719

Storchenclub Rühstädt e.V.
Am Pflegeheim 4
19322 Rühstädt
Tel./Fax: 038791/6703

Europäisches Zentrum
für Auenökologie, Umweltbildung
und Besucherinformation
Burg Lenzen
Burgstr. 3
19309 Lenzen
Tel.: 038792/1221
Fax: 038792/80673
e-mail: burg-lenzen@t-online.de

Naturwachtstation Lenzen
Burg Lenzen
Seestr. 17
19309 Lenzen
Tel./Fax: 038792/1701
e-mail: elbtalaue@naturwacht.de

Touristeninformation
Amt Lenzen/Elbtalaue
Stumpfer Turm
Berliner Str. 7
19309 Lenzen
Tel.: 038792/7302
Fax: 038792/1597

Fremdenverkehrs- und Kulturverein
Prignitz e.V.
Wittenberger Str. 90
19348 Perleberg
Tel.: 03876/616973
Fax: 03876/616974

Tourist-Information
Bahnstr. 59
19322 Wittenberge
Tel.: 03877/402721
Fax: 03877/402723

Stadtinformation Bad Wilsnack
Am Markt 5
19336 Bad Wilsnack
Tel.: 038791/2620
Fax: 038791/999199

Sachsen-Anhalt:

Projektbüro Alandniederung
Karl Kaus Stiftung
Ernst-Thälmann-Str. 22
39615 Aulosen
Tel./Fax: 039395/81904

Fremdenverkehrsinformation
Töbelmann-Str. 1
39619 Arendsee
Tel.: 039384/27164
Fax: 039384/247480

Tourist-Information
der Stadtverwaltung
Uferstr. 1
39539 Havelberg
Tel./Fax: 039387/88224

Naturschutzstation "Untere Havel"
beim Regierungspräsidium Magdeburg
OT Ferchels Nr. 23
Postfach 06/18
14715 Schollene
Tel.: 039389/96780
Fax: 039389/96784
email: nfs-unter-havel@t-online.de

NABU-Infozentrum Werben
Rathaus
39615 Werben
Tel.: 039393/5252
e-mail:
NABU.KV-Stendal@t-online.de

Rathaus Werben
Stadtverwaltung
Karl-Marx-Platz 1
39615 Werben
Tel.: 039393/217
Fax: 039393/219

NABU-Buch
Querstr. 22
39517 Buch
Tel.: 039362/81673
Fax: 039362/81674

NABU-Regionalverband Buch
"Naturerlebnispark" Blumenthal
Burger Str. 1
39288 Burg
Tel.: 03921/985216
Fax: 03921/976863
e-mail: mail@nabu-burg.de

Umweltzentrum Ronney
Ronney 3
39264 Walternienburg
Tel.: 039247/413
Fax: 039247/91876
e-mail: UZ.RONNEY@t-online.de

Deutsche Umwelthilfe
Projektbüro "Lebendige Elbe"
NABU-KV Köthen
Poststr. 7
06366 Köthen
Tel.: 03496/210007
Fax: 03496/210008
e-mail: lebelbe@rivernet.org

Tourist-Information
Zerbster Str. 2c
06842 Dessau
Tel.: 0340/2041442
Fax: 0340/2203003

Biosphärenreservatsverwaltung
"Mittlere Elbe"
Kapenmühle
Postfach 1382
06813 Dessau
Tel.: 034904/42110
Fax: 034904/42121
e-mail: biosme@t-online.de

Biberfreianlage/Kapenmühle
Tel.: 034904/40615
Öffnungsz.: Mai bis Oktober
Sonntag: 10 - 17 Uhr
oder nach Absprache

Förder- und Landschaftspflegeverein
Biosphärenreservat "Mittlere Elbe" eV
Albrechtstr. 128
06844 Dessau
Tel.: 0340/2206141
Fax: 0340/2206143
e-mail:foelv-biores@t-online.de

Tourist-Information
Marktstr. 13
39590 Tangermünde
Tel.: 039322/3710
Fax: 039322/43770

Wörlitz Information
Neuer Wall 103
06786 Wörlitz
Tel.: 034905/21704 u.
Tel./Fax: 034905/20216
Der Park ist immer offen.

Öffnungszeiten der Schlösser und
Museen:
Museum Goth. Haus und Schloss:
April u. Okt.   Di - So 10 - 16.30 Uhr
Mai - Sept.   Di - So 10 - 17.30 Uhr
Schloss:
März   Do - So 10 - 16 Uhr
5.Nov. - 2.Dez   10 - 16 Uhr

Niedersachsen
Elbschloss Bleckede
Schlossstraße 10
21354 Bleckede
Tel.: 05852-9514-0
Fax: 05852-9514-99
Email: info@elbschloss-bleckede.de
Internet: www.elbschloss-bleckede.de

Verkehrsverein Elbtalaue
Bleckede - Dahlenburg e.V.
Lauenburger Str. 15
21354 Bleckede
Tel.: 05852/390788
Fax: 05852/3303
e-mail: Elbschloss-Bleckede.de

Tourist-Information Amt Neuhaus
Am Markt 5
19273 Neuhaus
Tel.: 038841/20747
Fax: 038841/61156
e-mail: Touristinfo@Amt-Neuhaus.de

Schutzgebietsverwaltung Elbtal
Am Markt 1
29456 Hitzacker
Tel.: 05862/9673-0
Fax: 05862/9673-20

Kurverwaltung Hitzacker
Weinbergweg 2
29456 Hitzacker
Tel.: 05862/96970
Fax: 05862/969724
e-mail: Gaestinfo@Hitzacker.de

BUND Elbtalinfo Dannenberg
Am Markt 5
29451 Dannenberg
Tel./Fax: 05861/808200
e-mail: bund-elbtalinfo@t-online.de

Gästeinformation Dannenberg
Am Markt 5/6
29451 Dannenberg
Tel.: 05861/808190
Fax: 05861/808100 o. 189

Tourist-Information Lüchow/Wend-
land
Theodor-Körner-Str. 4
29439 Lüchow
Tel.:05841/126249-251
Tel./Fax: Tel.:05841/126281

Tourist-Information
Wendland Elbufer-Drawehn
Königsberger Str. 10
29439 Lüchow
Tel.: 05841/120261
Fax 05841/120278

Kurverwaltung
Nienwalder Weg 1
29471 Gartow
Tel.: 05846/333
Fax 05846/2288

Mecklenburg-Vorpommern

Naturparkverwaltung
"Mecklenburgisches Elbetal"
Am Elberg 20
19258 Boizenburg
Tel.: 038847/50335
Fax: 038847/50336
e-mail: naturpark-info@elbetal-mv.de

Stadtinformation Boizenburg
Kirchplatz 13
19258 Boizenburg
Tel./Fax: 038847/55519

NABU-Besucherzentrum Elbtalaue
Auf der Festung 2b
19303 Dömitz
Tel.: 038758/26378
Fax: 038758/26380

Festung Dömitz
Auf der Festung
19303 Dömitz
Tel./Fax 038758/22401

Dömitz-Information
Rathausplatz 1
19303 Dömitz
Tel./Fax: 038758/22112

Dank

Jochen Köhler aus Hitzacker steuerte Textteile und Fotos über die Schmetterlinge des Elbtales bei, Krista Dziewiaty, Seedorf und Manfred Simon, IKSE-Magdeburg Textabbildungen. Dieter Damschen aus Kamp-Lintfort, Roland Günter aus Seßlach und Konrad Wothe aus München überließen uns viele ihrer überwiegend im Elbtal entstandenen Tieraufnahmen. Weitere Bilder stammen von einer Vielzahl von an der Erhaltung dieser Landschaft interessierter Fotografen.

Die Naturschutzarbeit in der Elbtalaue wird seit Jahren durch die Karl Kaus Stiftung für Tier und Natur, die Deutsche Umwelthilfe (DUH), den Landesverband Niedersachsen des Bund für Umwelt- und Naturschutz Deutschland (BUND) und den Landesverband Hamburg vom Naturschutzbund Deutschland (NABU) unterstützt. In den ersten Jahren nach der Vereinigung trug insbesondere die Stiftung Europäisches Naturerbe (EURONATUR) die Kosten für die Informationsstelle in Hitzacker. Eine wesentliche Förderung durch Finanz- und Sachmittel erfährt das Projekt zudem von den Firmen DaimlerChrysler und Kyocera Electronics.

Bildnachweis

Bertram 23u
Damschen Titel, 7,23,27,31,41o,53o,53u,68, 73,85,113,115
Dillenburger 132
Ebert 134o
Gülzow Rückseite, 3,8
Günter 35,43o,46o,46u,47o,47m,47u,48, 78,79o,80
Informationsstelle Naturschutz Hitzacker 83,103o,112
Köhler 450,55o,55m,55u,57,86,87o,87u,88, 89,90,91
Neuschulz 2u,6,9,10,11o,17,18,21,22, 24,26,29,33,34,36,37,39u,41u,42,43m, 43u,50,51o,54,58,59o,59m,59u,60,62,64,
67o,67u,71o,72,75u,76,77o,77u,79mo,82, 84,92,93o,93u,94,95,97,99,99m,101, 102,103u,106,107,114,116,119,120,122, 123o,123u,126,127,128,130,131,134,135
Plinz 19,20,30,39o,44o,45u,71u,75o,77, 79u,99u,129
Rahn 67
Spillner 11u
Steffen 51m, 132
Thielcke 111
Wilkens 14, 15, 31u, 44,51u, 61, 65, 81
Wisniewski 98
Wothe 8,70,71o,74,111
Zuber/Siegrist 79um

139

Literatur

Besonders zu empfehlende Literatur ist fett gedruckt.

Agrarsoziale Gesellschaft e.V. (Hrsg.) (1991): Geprägt von Elbe und Geest. Berichte und Bilder aus dem nordöstlichen Niedersachsen. ASG-Material-Sammlung Nr. 185: 1:167. Göttingen.

Arbeitsgemeinschaft der Landesanstalten und -ämter für Naturschutz und Bundesamt für Naturschutz (1994): Die Elbe und ihr Schutz - eine internationale Verpflichtung. Natur und Landschaft 69: 239-250.

ATV-DVWK Deutsche Vereinigung für Wasserwirtschaft, Abwasser und Abfall e.V. (2000): Die Elbe und ihre Nebenflüsse - Belastung, trends, Bewertung, Perspektiven. Hennef.

BUND/EURONATUR (1992): Tagungsband Nationalpark Elbtalaue - Aktuelles, Forschung, Perspektiven. 105 S, Naturschutzzentrum Hitzacker.

BUND/M.Otto Stiftung f. Umweltschutz (1998): Ökologie und Hochwasserschutz an der Elbe. Tagungsdokumentation. Natur u. Umwelt Verlag, Bonn.

Colditz, G. (1994): Forum Artenschutz - Der Biber. Naturbuchverlag Augsburg.

Dörfler, E.-P. (2000): Wunder der Elbe. Verlag Janos Stekovics

Donner H. u. A. Schmidt (1997): Das Forum Elbtalaue-Erfahrungen und Ergebnisse eines Mediationsverfahren in Niedersachsen. Arbeitsmaterial/Akademie für Raumforschung und Landesplanung Nr. 239: 73-95.

Dornbusch, G.M.P. (1996) Internat. Vogelschutzgebiete im Land Sachsen-Anhalt. Natursch. im Land Sachsen-Anhalt 33. Sonderheft

Dziewiaty, K. 1992: Nahrungsökologische Untersuchungen am Weißstorch (Ciconia ciconia) in der Dannenberger Elbmarsch (Niedersachsen). Die Vogelwelt 113, 3:133-144.

Dziewiaty, K. u. H.Schulz (1998): Störche in der Elbtalaue. K. u. W Druck- und Verlagshaus Schleswig.

Eggers H., R. Schmahl u. E.Steffen (1998): Die Vogelwelt des Kreises Hagenow. Natur Natursch.Mecklenb. 16: 1-80.

Fischer, W. (1959): Pflanzenverbreitung und Florenbild in der Prignitz. Math.- Naturw. Reihe 5 (1):49-84.

Gerken, B. (1988): Auen - verborgene Lebensadern der Natur. Verlag Rombach. Freiburg.

Gillandt, L. et al. (1980): Naturpark Elbufer-Drawehn. Naturmagazin "draußen", Heft 9, Hamburg.

Gillandt, L., E. Grimmel, J.M. Martens (1983): Naturräumliche Gliederung des Kreises Lüchow-Dannenberg aus biologischer Sicht. Abh. naturwiss. Ver. Hamburg, (NF) 25:133-150.

Gödert,S. et.al (1998): Die Elbtalaue-Artenvielfalt im Hochwassereinfluß. NABU-LV Hamburg.

Goetzmann, H. (1990): Der kleine Mecklenburg Führer, westl. Teil. Verlag Buchhandlung Langenkamp. Lübeck.

Haberland, R. (1957-1960): Die Geschichte des Grenzgebietes Gartow-Schnackenburg. Bd. I-III. Köhring & Co. Lüchow.

Haufe, M. (1986): Der Weißstorch im Hannoverschen Wendland. Verein für Naturkunde e.V., Lüchow.

Hauff,P. (1998): Bestandsentwicklung des Seeadlers*Haliaeetus albicilla* in Deutschland seit 1980 mit einem Rückblick auf die vergangenen 100 Jahre. Vogelwelt 119: 47-63.

Heidecke, D. (1991): Zum Status des Elbebibers sowie etho-ökologische Aspekte. Seevögel 12, Sonderheft 1:33-38.

Heckenroth,H. u. V. Laske, (1997): Atlas der Brutvögel Niedersachsens 1981-1995 und des Landes Bremen. Nieders. Landesamt f. Ökologie (NIÖ)

Internat. Kommission zum Schutz der Elbe (IKSE) (1995): Die Elbe Erhaltenswertes Kleinod in Europa. Magdeburg.

Internat. Kommission zum Schutz der Elbe (IKSE) (2000): Die Elbe von 1990 - 2000 - 10 Jahre erfolgreiche Zusammenarbeit in der IKSE. Magdeburg.

Kaatz, K u. M. (1992): Der Elbebereich als Schwerpunkt der Weißstorchverbreitung in Deutschland. Ber. d. Landesamtes für Umweltschutz Sachsen-Anhalt 5: 29-41.

Kaatz, Ch. u. M. (Hrsg) (1996): Jubiläumsband Weißstorch, Tagungsbandreihe des Storchenhofes Loburg im MRLU-LSA.3.Tagungsband.

Kahrs, A. u. Ch. Beyer (Hrsg.) (1992): "...mitten in Deutschland..." Die Grenzöffnung 1989 im Spiegel der Elbe-Jeetzel-Zeitung. Köhring & Co., Lüchow.

Köhler, J. (1991): Parathrene novaki TOSEVSKI 1987 auch in Deutschland (Lepidoptera: Sesiidae). - Entomol. Z., 101 (15): 273-292.

Köhler, J. (1992): Die Glasflügler (Lepidoptera: Sesiidae) im Hannoverschen Wendland (Ost-Niedersachsen). Biologische und ökologische Erkenntnisse. Braunschweiger naturkundliche Schriften 4, 1:101-141.

Köhler, J. (1996): Die Glasflügler (Lepidoptera: Sesiidae) im Hannoverschen Wendland (Ost-Niedersachsen): Sesia bemeciformis und Synanthedon flaviventris. Braunschweiger naturkundliche Schriften 5 (1): 55 - 70.

Köhler, J. U. K.-H. Müller-Köllges (1999): Die Tagfalter einschl. Dickkopffalter (Sepidoptera: Rhopalocera incl. Hesperiidae) im Hannoverschen Wendland (Ost-Niedersachsen) - Neu- und Wiederfunde in Niedersachsen verschollener Arten. Braunschweiger naturkundliche Schriften 5 (4): 883-904.

Kraus O. (Hrsg.) (1983): Mittelelbe und Drawehn - Lebensräume, Flora und Fauna im Hannoverschen Wendland. Abh. naturwiss. Ver. Hamburg (NF) 25. Verlag Paul Parey.

Krenzlin, A. (1969): Die Kulturlandschaft des hannoverschen Wendlandes. Forsch. z. dt. Landeskunde 28.

Kulke, E.: Wendlanddörfer - Gestern und Heute. Siedlungsstrukturen in Niedersachsen. Verein zur Erhaltung von Rundlingen im Hannoverschen Wendland e.V., Lüchow.

Lohmann M. u. K. Haarmann (1989): Vogelparadiese. Band 1, Norddeutschland. Verlag Paul Parey. Berlin/Hamburg.

Lohmann, M. u. E. Rutschke (1991): Vogelparadiese. Band 3, Ost- und Mitteldeutschland. Verlag Paul Parey. Berlin/Hamburg.

Lukner, A. u. U. Wagner (1973): Führer durch Göhrde und Wendland. Wesselburen/Holstein.

Meier-Peithmann, W. , F. Neuschulz und W. Plinz (1986): Lebensbilder aus der Vogelwelt zwischen Elbe und Drawehn. 208 S., Lüchow.

Melber, A. (1992): Zum Auftreten der Streifenwanze Graphosoma lineatum (L.) im Hannoverschen Wendland (Heteroptera: Pentatomidae). Braunschw. naturkdl. Schr., Braunschweig.

Meyer, H. u. G. Miehlich (1983): Einfluß periodischer Hochwasser auf Genese, Verbreitung und Standorteigenschaften der Böden in der Pevestorfer Elbaue (Kreis Lüchow-Dannenberg). Abh. naturwiss. Ver. Hamburg (NF) 25: 41-73.

Miest, P.-F. (1972): Witterung und Klima im Kreis Lüchow-Dannenberg. Jh. heimatk. Arb.-Kr. 3. Lüchow-Dannenberg.

Neuschulz, F. (1983): Bruthabitat und Bestandsdichte der Sperbergrasmücke (Sylvia nisoria) im Landkreis Lüchow-Dannenberg.

Abh. naturwiss. Ver. Hamburg (NF)25:255-279.

Neuschulz, F. (1985): Die Lebensräume der Quickborner Marsch (Kreis Lüchow-Dannenberg): Ergebnisse einer floristischen und faunistischen Bestandsaufnahme. "Hannoversches Wendland" 10. Jahresheft:129-155.

Neuschulz, F. (1988): Zur Synökie von Sperbergrasmücke (Sylvia nisoria) und Neuntöter (Lanius collurio). Lüchower Dannenberger orn. Jber. 11: 1-234.

Neuschulz, F. (1996): Naturpark Elbtalaue-Chancen für Erholung und Naturschutz. Landesumweltamt Brandenburg. Studien und Tagungsberichte Bd. 11: 84-90

Neuschulz, F. (2000): Management und Prozessschutz-Erfahrungen aus dem Biosphärenreservat Flusslandschaft Elbe (Brandenburg). Naturschutz und Landschaftsplanung 32: 71-74.

Neuschulz,F. u. Hastedt, U. (1998): Das Europäische Vogelschutzgebiet (SPA) Unteres Elbetal. Naturschutz und Landschaftspflege in Brandenburg 7 (3): 169-171.

Neuschulz, F. u. S. Lilje (1997): Auenschutz und Rückentwicklung von Auwald in der brandenburgischen Elbtalaue. Laufener Seminarbeiträge 1: 125 - 136. Laufen / Salzach.

Neuschulz, F. u. H. Wilkens (1991): Die Elbtalniederung - Konzept für einen Nationalpark. Natur und Landschaft 10:481-485.

Paproth, R. (1992): Der Biber im Landkreis Havelberg Castor fiber albicus (Rodentia, Castoridae). Untere Havel, Naturkundliche Berichte Heft 1: 34-41. Havelberg.

Plinz, W. (1980): Künstliche Feuchtbiotope im Raum Gartow-Höhbeck. "Hannoversches Wendland" 8. Jahresheft:119-123.

Plinz, W., H. Wilkens u. M. Reetz (1987): Elbniederungsgebiet am "Höhbeck". Beschreibung der wichtigsten Lebensräume der Tier- und Pflanzenwelt. Wandervorschläge für eine erhaltenswerte Landschaft. DBV Hamburg.

Schiemenz F. u. H. Köthke (1954): Die Fischereiverhältnisse in der Elbe vor dem Bau des Wehres in Geesthacht. Niedersächsisches Institut für Binnenfischerei, Hannover.

Schulte R. u. E. Schneider (1991): Zur Situation des Bibers in Norddeutschland. Jb. Naturschutz Norddeutschland.

Schulz,F. (1996): Das Storchendorf Rühstädt - Ergebnisse einer 25-jährigen Beobachtungstätigkeit in der größten kolonieartigen Ansiedlung des Weißstorches (Ciconia ciconia) Deutschlands von 1970-1994. In: Jubiläumsband Weißstorch, Tagungsbandreihe des Storchenhofes Loburg in MR LU-LSA.

Spilling, E. u. D.G.W. Königstedt (1995): Phänologie, Truppgröße und Flächennutzung von Gänsen und Schwänen an der unteren Mittelelbe. Vogelwelt 116: 331-342.

Thielcke, G. (1999): Lebendige Elbe. Streifzüge durch die Natur- und Kulturlandschaft Elbe. Stadler Verlagsgesellschaft.

Vent, W. u. D. Benkert (1984): Verbreitungskarten brandenburgischer Pflanzenarten. Gleditschia 12 (2): 213-238.

Vetten, H.(1980): Gleich hinter Gorleben - Entdeckungen im Landkreis Lüchow-Dannenberg, der vielleicht seltsamsten Ecke Deutschlands. Geo 6: 38-60. Verlag Gruner u. Jahr, Hamburg.

Walther, K.(1957): Vegetationskarten deutscher Flußtäler: Mittlere Elbe bei Damnatz,1:5000. - Stolzenau/Weser.

Walther, K.(1977): Die Flußniederung von Elbe und Seege bei Gartow (Kr. Lüchow-Dannenberg). Abh. Naturwiss. Ver. Hamburg (NF) 20:1-123, Hamburg.

Weidemann, H.-J. U. J. Köhler (1996): Nachtfalter - Spinner und Schwärmer. Augsburg. 512 S.

Wilkens, H.(1973): Biologische Charakterisierung und Bedeutung des Höhbeck und der ihn umgebenden Niederungsgebiete. Jh. heimatk. Arb. Lüchow-Dannenberg 4:39-48.

Wilkens, H.(1979): Die Amphibien des mittleren Elbetales: Verbreitung und Ökologie der Rotbauchunke. - Natur u. Landschaft 54: 46-50.

Wilkens, H. (1983): Faunistisch-ökologische Analyse einer Flußmarsch der Mittleren Elbe. Verh. naturwiss. Ver. Hamburg (NF) 25:151-167

Wilkens, H.(1985): Errichtung und Sicherung schutzwürdiger Teile von Natur und Landschaft mit gesamtstaatlich repräsentativer Bedeutung. Beispiel: Elbniederungsgebiet Gartow-Höhbeck. Natur und Landschaft 60: 391-396.

Wilkens,H. (1999): Die Aland-Niederung (Sachsen-Anhalt): Planungen im alten Stil statt Hochwasserschutz im Gesamtkonzept. Natur und Landschaft 2: 52-57.

Wilkens, H. (2001): Gibt es weiterhin Nationalparke in Deutschland? Naturschutz und Landschaftsplanung 33.(11): 358-360.

Wolf, Th.(1992): Die Westprignitz. Fotographien von Thomas Wolf. Kulturamt der Kreisverwaltung Perleberg. Messedruck Leipzig.

Zivot, R. (1992): Die Elbe/Labe - ein Lebenslauf. Deutsches Historisches Museum. Nicolai Verlag, Berlin.

Schriftenreihen

Avifaunistische Arbeitsgemeinschaft für Lüchow und Dannenberg. Lüchow-Dannenberg ornithologische Jahresberichte. Band 1-14. 1969-1996.

Heimatkundlicher Arbeitskreis Lüchow-Dannenberg "Hannoversches Wendland" Jahresheft 1-14, 1969-1994.

Auenreport - Beiträge aus dem Biosphärenreservat Flusslandschaft Elbe-Brandenburg. Rühstädt. Bd.1-6, 1995-2002 und eine Sonderausgabe.

"Untere Havel" - Naturkundliche Berichte. Havelberg. Heft 1-7.1992-1997

"Lebendige Elbe". Elbe-Rundbrief der Deutschen Umwelthilfe (DUH). 2-3 mal im Jahr, Köthen.

Apus - Beiträge zur Avifauna Sachsen-Anhalts. Zeitschrift des Ornithologenverbandes Sachsen-Anhalt e.V. (OSA) Halle.

"Naturschutzarbeit im Land Sachsen-Anhalt" - Landesamt für Umweltschutz Sachsen-Anhalt. Halle.

"Naturschutzarbeit in Mecklenburg-Vorpommern" - Landratsamt für Umwelt, Naturschutz und Geologie (LUNG), Abt. Naturschutz. 2 Hefte im Jahr. Neuenkirchen

Karten

"Landkreis Prignitz", Topographische Karte 1:100.000, Landesvermessungsamt Brandenburg.

Naturpark Elbufer-Drawehn. Karte 1:50.000.

Fremdenverkehrs Fördergesellschaft Wendland Elbufer Drawehn mbH "Im Wendland gehts rund - Die 22 schönsten Radtouren" Lüchow.

"Naturpark Mecklenburgisches Elbtal", Karte Ost, Karte West. Offizielle Rad- und Wanderkarte 1:50 000.

Radwanderweg Elbe, Von Cuxhaven bis Magdeburg, 1:50.000, Verlag Fink-Kümmerly&Frey, Elbe Radweg, Teil 1: Von Prag nach Magdeburg, Teil 2: Von Magdeburg nach Cuxhaven, 1:75.000 Verlag Esterbauer.

ADAC Regionalkarten 1:150 000:

Blatt 17: Holsteinische Schweiz, Lauenber-

ger Seen, Wendland. Blatt 20: Altmark u. Ha-
velland, Blatt 22: Unterharz, Magdeburger
Börde, Hoher Fläming.
Deutsche Ausflugskarte 1:100.000 mit
Auto-und Freizeitführer, Nr. 7 Lüneburger
Heide, Nr. 12 Altmark, Nr. 17 Dübener Hei-
de-Fläming.
"Umweltbildung an der Elbe", Faltblatt mit
Karte, (Aug. 2000).
"Die Fische" IKSE -MKOL. Umweltstiftung
WWF Deutschland Magdeburg. WWF Au-
eninstitut Rastatt. 1997. 1:75.000
"Schutzgebiete an der Elbe" IKSE - MKOL.
Umweltstiftung WWF Deutschland Magde-
burg. WWF Aueninstitut Rastatt. 1:750.000

Register der Orts- und Sachbezeichnungen

Register der Pflanzen- und Tiernamen

Die Flutkatastrophe der Elbe im August 2002

Sintflutartige Regenfälle

Anfang August kam es im Oberlauf der Elbe in den Einzugsgebieten zu ungewöhnlich starken Niederschlägen. Vom 6. bis zum 13.8.2002 fielen im Böhmerwald und im Gratzner Bergland 277 mm, in Südböhmen bis 190 mm und im Erzgebirge bis zu 380 mm Regen. Die 48-Stundenniederschläge entsprachen teilweise der drei- bis vierfachen Menge der langjährigen Monatsmittelwerte. Die höchsten Stundenwerte wurden vom 12. auf den 13.8.2002 im Zinnwald mit 312 mm registriert. Eine vorsichtige Schätzung berechnet für das Einzugsgebiet der Elbe bis Dresden eine in dieser Zeit erreichte Niederschlagsmenge von rund 5 Milliarden m³.

Ursache war eine sogenannte Vb-Wetterlage, die zu großen Niederschlägen führt. Meteorologen kennzeichnen damit Tiefdruckgebiete, die über die Zugstraße V (römisch fünf) feucht-warme subtropische Luft aus dem Mittelmeerraum in Richtung Polen bringen.

Verlauf des Hochwassers

Durch die hohen Niederschläge sind im Einzugsgebiet der Elbe Hochwasser entstanden, die vielfach die bisher bekannten Höchstmarken überschritten haben (s. Tabelle). An über 100 Stellen brachen die Deiche der Mulde, Schwarzen Elster und Elbe oder es kam zur Überflutung ganzer Deichabschnitte. Es wird geschätzt, dass dadurch eine Minderung der Elbwelle um mindestens 400 Mio m³ beigetragen haben. Im Unterlauf öffnete man die Wehrgruppe Neuwerben/Quitzöbel, um Elbwasser zur Kappung des Hochwasserscheitels in die Havelniederung abzuleiten. 75 Mio m³ Elbwasser wurde aufgenommen, wodurch der Pegelwert in Höhe der Stadt Wittenberge um 40 cm sank.

Die Schäden übertrafen alles bisher in Deutschland gekannte: 16 Menschen starben, 108 wurden verletzt, 220.000 mussten ihre Häuser verlassen. Die Sachschaden sind bis heute kaum zu überblik-

Vergleich der bisher höchsten Wasserstände mit denen von August 2002 an ausgewählten Pegeln (aus Simon, M./Ikse Magdeburg/Okt. 2002)					
Fluss/Pegel	Wasserstände im August 2002		Höchste bisher beobachtete Wasserstände		Wasserstandsdifferenz Hochwasser 2002 zum historischen Hochwasser
	Datum	Wasserstand (cm)	Datum	Wasserstand (cm)	Wasserstand (cm)
Moldau/Prag	14.08.2002	785	29.03.1845	513	+272
Elbe/Usti.n.L. (vor Staatsgrenze)	16.08.2002	1185	30.03.1845	1119	+66
Elbe/Dresden	17.08.2002	940	21.03.1845	877	+63
Elbe/Torgau	18.08.2002	945*	06.12.1850	943	+2
Elbe/Wittenberg-L.	18.08.2002	708*	03.02.1862	628	+80
Elbe/Aken oberhalb Saalemündung	19.08.2002	765*	03.04.1845	740	+25
Elbe/Wittenberge	20.08.2002	734**	02.04.1895	730	+4
Elbe/Neu Darchau	23.08.2002	732**	07.04.1895	724	+8
* durch oberhalb liegende Deichbrüche beeinflusst					
** durch oberhalb liegende Deichbrüche und die Havelflutung beeinflusst					

ken und liegen bei bis zu 22 Mrd. Euro. Vor allem in den Städten Prag, Pirna, Dresden, Meißen, Mühlberg, Bitterfeld, Bad Düben und Dessau wird die Sanierung Jahre dauern. Die Bilder aus Grimma versetzen die ganze Nation in einen Schock und lösten eine nie zuvor gekannte Spendenbereitschaft aus.

Die Konsequenzen

Aus dem verheerenden Elbhochwasser offenbaren sich vielerlei Defizite im Handeln des Menschen und die künftige Vermeidung solcher Katastrophen erfordert ernste Konsequenzen. Immer wahrscheinlicher ist dabei der Zusammenhang zwischen der Häufung extremer Witterungsverhältnisse und der globalen Erwärmung der Erde. Ein effizienter Klimaschutz ist somit dringlich und gleichzeitig als zukünftiger Hochwasserschutz zu

Oben:Tausende von Freiwilligen unterstützen Feuerwehren und Soldaten beim Füllen der Sandsäcke.
Unten:Im Mittellauf der Elbe breiteten sich riesige Wasserflächen aus.

betrachten. Besonders rasch gilt es natürlich im Auenschutz aktiv zu sein und hier neue Akzente zu setzen. Aus diesem Grund hat die Bundesregierung zusammen mit den Bundesländern ein 5-Punkte-Programm beschlossen, durch dessen Umsetzung eine Verbesserung der derzeitigen Situation erzielt werden soll.

1. In einem gemeinsamen Hochwasserschutzprogramm soll
   • den Flüssen wieder mehr Raum gegeben
   • Hochwasser dezentral zurückgehalten
   • und die Siedlungsentwicklun effektiv gesteuert werden.
2. Bis Ende 2003 ist ein länderübergreifend abgestimmter Aktionsplan vorzulegen, der
3. auch mit den anderen Ländern im Elbeeinzugsgebiet diskutiert werden soll.
4. Alle geplanten Ausbaumaßnahmen für die Schifffahrt sind auf die Umweltverträglichkeit zu überprüfen, wobei für die Elbe ein intrigiertes Gesamtkonzept zu entwickeln ist.
5. Zur Beseitigung der Hochwasserschäden wird ein Soforthilfeprogramm aufgelegt.

Viele dieser Punkte sind nicht neu und wurden in der Vergangenheit wiederholt nach Hochwasserkatastrophen an Rhein, Donau und Oder von Naturschutzvertretern und aufgeschlossenen Wasserbauern vorgetragen. Mit der Umsetzung tat man sich jedoch schwer und der leidenschaftlich geführte Streit zwischen Wasserbau und Naturschutz über die Wirksamkeit einzelner Maßnahmen war hierfür wenig förderlich. Das darf sich an der Elbe nicht wiederholen. Die Voraussetzungen am „großen Strom" ein ökologisch orientiertes Auenschutzkonzept zum Wohle von Mensch und Natur zu entwickeln, sind hier besonders günstig.

Lauenburg/E.
nsen (L.)
Barum
Boizenburg/E.
b.-Bahnhofsvorstadt
Pritzier
Bülze
Brahlstorf
Besitz
Elbe-
Garlitz
Sude
Quassel
Echem
Karze
Teldau
Rottorf
Dom
Adendorf
Scharnebeck
Schiffshebewerk
Bleckede
Neuhaus/Elbe
Lübtheen
Jessenitz
Bardowick
Vögelsen
Haar
Barskamp
Stapel
Darchau
Zeetze
Vielank
Reppenstedt
ellersen
Neetze
tal
Lüneburg
Neu Darchau
Kaarßen
Kirchgellersen
Oerzen
Deutsch
Evern
g
Vastorf
Bavendorf
e
Dahlenburg
r
Tosterglope
Wietzetze
Embsen
Betzendf.
Melbeck
Bienenbüttel
Bostelwiebeck
Oldendorf a.d.G.
Nahrendorf
Elbuferstr.
Elbufer-
Metzingen
Hitzacker
Harz-Heide
Str.
Medingen
Altenmedingen
Göhrde
Penkefitz
Dar
inghausen
Barnstedt
Kl.
Römstedt
Himbergen
Riebrau
Dannenberg (E.)
Diersbüttel
Velgen
Natendorf
Bad Bevensen
Weste
Hohenfier
Zernien
142
Drawehn
Jameln
Sallahn
Gr.
Hei
Hanstedt I
Jastorf
Hohen-zethen
Zahrenthien
Wriedel
Ebstorf
d
Oetzen
e
Waddeweitz
Küsten
W
e
Eimke
Gerdau
Rosche
Dalldorf
Lüchow
Sperr-geb.
Dreilingen
Uelzen
Mühlen-museum
Sulttendorf
Schnega
41
Clenze
Wüstrow
Suderburg
Wrestedt
Wieren
Soltendieck
Bergen
(Dumme)
Stadensen
Bodenteich
Henningen
Salzwedel
Breitenhees
Schmölau
Langenapel
Weyhausen
Dähre
Wallstawe
M
53
Sprakensehl
Wittingen
Diesdorf
Rohrberg
Aper
Beetzen
Eidingen
Dedelstorf
Knesebeck
Jübar
Mellin
Klötze
h
Groß
Oesingen
76
Wahrenholz
Boitzenhagen
Sperr-geb.
n
Brome
Kusey
Hohne
s
Wesendorf
e
Hankensbüttel
Ohrdorf
24
76
35